W0038694

Klaus Egger
Beten im Herbst des Lebens

Klaus Egger

Beten im Herbst des Lebens

Das *Vaterunser* im Alter neu entdecken

Tyrolia-Verlag · Innsbruck-Wien

Mitglied der Verlagsgruppe „engagement"

Bibliografische Information Der Deutschen Nationalbibliothek
Die Deutsche Nationalbibliothek verzeichnet diese Publikation
in der Deutschen Nationalbibliografie; detaillierte bibliografische
Daten sind im Internet über http://dnb.d-nb.de abrufbar.

2013
© Verlagsanstalt Tyrolia, Innsbruck
Umschlaggestaltung: Tyrolia-Verlag, Innsbruck
unter Verwendung eines Bildes © Bildagentur Waldhäusl
Layout und digitale Gestaltung: Tyrolia-Verlag
Druck und Bindung: FINIDR, Tschechien
ISBN 978-3-7022-3285-6
E-Mail: buchverlag@tyrolia.at
Internet: www.tyrolia-verlag.at

INHALT

Vorwort

Noch ein Buch zum Vaterunser, wo es doch schon so viele gibt? In den ersten Jahrhunderten war dieses Gebet der meistkommentierte Text der Heiligen Schrift, weil man es als eine Zusammenfassung des christlichen Glaubens angesehen hat. Mit diesem Schatz im Herzen und auf den Lippen konnte man leben, auch wenn die äußeren Umstände dem Glauben kaum eine Chance ließen.

Älter werdend habe ich in mir den Anspruch verspürt, mir selbst noch einmal Rechenschaft zu geben, weshalb das Vaterunser auch in späteren Jahren mein kostbarstes Gebet bleiben kann und soll. An diesen Überlegungen möchte ich auch andere teilhaben lassen.

Ich habe einerseits versucht, der Gesinnung und der Lebenswelt Jesu, aus der dieses Gebet herausgewachsen ist, nachzuspüren und anderseits das eigene Älterwerden nicht aus den Augen zu verlieren.

Die Auswahl der biblischen Texte, welche den einzelnen Bitten Leben einhauchen möchten, hat sich aus einem jahrzehntelangen Umgang mit der Bibel ergeben. Die Zitate sind zum größten Teil der Einheitsübersetzung entnommen.

Die Hinweise auf die späteren Jahre, in denen uns das Vaterunser kostbare Impulse zu geben vermag, gehen ebenfalls auf persönliche Erfahrungen und auf Erfahrungen mit älteren Menschen zurück. Kleine spirituelle und literarische Texte möchten dazu beitragen, tiefer in die Welt des Vaterunsers einzudringen.

Am Beginn der Heilsgeschichte steht die Gestalt des Abraham, der noch in hohem Alter aufgebrochen ist, um den Verheißungen Gottes entgegenzuwandern. In den Bitten des Vaterunsers können wir auch die Verheißungen Gottes an uns entdecken, um ihnen in der Zeit, die uns noch zugedacht ist, entgegenzuwandern. Das Gebet des Herrn ist ein guter Wegweiser und ein guter Wegbegleiter.

Klaus Egger

EINFÜHRUNG

Von den Farben
im Herbst des Lebens

„Der Herbst kennt Farben, von denen der Sommer nichts weiß." Das gilt auch für den Herbst unseres Lebens. Wie sich in den verschiedenen Jahreszeiten unsere Welt je anders präsentiert, so ist es auch in unserem Leben. In den verschiedenen Lebensabschnitten – Kindheit, Jugend, Erwachsenenalter und spätere Jahre – sehen wir unsere Welt mit je anderen Augen. Manches von dem, was uns früher einmal ganz wichtig erschienen ist, verblasst langsam, und anderes beginnt erst jetzt richtig zu leuchten in der milden Herbstsonne. So werden im Herbst die Tage kürzer und die Nächte länger, die Luft wird klarer und weitet die Sicht, Früchte werden geerntet und gleichzeitig zieht sich das Leben der Natur langsam zurück.

Im Herbst unseres Lebens erfahren wir Ähnliches. Die Zeit, die noch vor uns liegt, wird von

Tag zu Tag kürzer und der Radius unserer Möglichkeiten wird enger. Gleichzeitig aber öffnet sich der Blick für das Ganze unseres Lebens, und zwar nicht bloß auf unsere Vergangenheit, sondern auch auf das, was noch vor uns liegt. In der Sprache der Psalmen hört sich das so an: „Ich gedachte der vergangenen Jahre und habe im Sinn die Jahre der Ewigkeit" (Vulgata Übersetzung Ps 76,6). Dankbar dürfen wir uns an alles erinnern, was wir an Früchten in die Scheunen unseres Lebens einfahren konnten, dankbar auch dafür, dass wir trotz unseres Versagens und unserer Begrenztheit immer wieder den Mut gefunden haben und vor allem durch andere ermutigt worden sind, aufzustehen und weiterzugehen. Jetzt geht es nicht mehr darum, immer noch mehr zu erleben, sondern darum, dem, was bisher zu kurz gekommen ist, eine Chance zu geben, intensiver zu leben und die geschenkten Tage auszukosten. Und häufiger als in früheren Zeiten drängt sich vermutlich leise und oft kaum hörbar die Frage auf, wohin die Reise nun gehe. Auch dadurch gewinnt das Leben nochmals Farben, die wir vorher gar nicht gekannt haben. In diese Farben mischen sich aber auch Nebelfelder, die uns als Beeinträchtigung unserer Gesundheit, als depressive Phasen, als Trauer über versäumtes Leben und auch als bedrohliche Daseinsängste begegnen können.

Martin Buber, der große jüdische Religionsphilosoph († 1965), hat einmal geschrieben: „Altsein ist ja ein herrlich Ding, wenn man nicht verlernt hat, was anfangen heißt. Du brauchst nicht jung tun, sei so alt wie du bist. Doch lebe dein Alter auf junge Weise – des Anfangenkönnens kundig."

In den späteren Jahren nochmals anfangen in allem, was uns jetzt noch möglich ist, das ist wohl die letzte große Chance und Herausforderung in unserem Leben, so auch für unser Beten.

Taktwechsel im Alter

Der Wechsel vom sommerlichen Grün zur bunten Herbstpracht vollzieht sich in der Natur kaum wahrnehmbar und leise, aber manchmal kann ein früher Frost die Landschaft in einer Nacht verwandeln. Ähnlich ist es auch im Herbst des Lebens. Die Altersforschung spricht von vier Phasen des Alterns, von den jungen Alten, von den Alten mit ersten Verlusterfahrungen, von den Hilfsbedürftigen und von den Pflegebedürftigen bis hin zur Demenz. Die Übergänge sind manchmal kaum wahrnehmbar und manchmal ganz abrupt. Wir sind jedoch diesem Prozess des stufenweisen Alterns nicht einfach ausgeliefert. Es ist uns als Menschen die Möglichkeit gegeben, diesen Prozess auch aktiv in die Hand zu nehmen. Dafür bietet sich das Bild vom Taktwechsel an, der nicht bloß ein entscheidendes Element in der Musik darstellt, sondern auch in unserem Leben. Wie sich in der Musik durch einen Taktwechsel neue Klangdimensionen eröffnen, so ist es bei uns, wenn wir das Altern als einen Prozess ansehen, den wir selbst mitgestalten und somit den Takt angeben können.

Darauf hat auch das „Europäische Jahr des aktiven Alterns 2012" hingewiesen. Wir wachsen zurzeit in eine Gesellschaft des langen Lebens hinein und haben damit – vermutlich zum ersten Mal in der Geschichte – in breiten Schichten die Möglichkeit, das Altern kreativ zu gestalten. Freudig und dankbar dürfen wir auf die vielfältigen Angebote zu einem aktiven Altern blicken. Mit dem steigenden Wohlstand der letzten Jahrzehnte wurden die alternden Menschen wirtschaftlich und politisch geradezu neu entdeckt. Der Seniorentourismus ist ja nicht mehr wegzudenken und Seniorenstimmen sind bei jeder Wahl gefragt. Auch im Bildungsbereich hat sich eine Wende vollzogen. Waren es früher nur Einzelne, die im Alter nochmals einen Hörsaal der Universität betreten haben, so gibt es heute in manchen Bereichen bereits mehr Senioren als junge Studenten. Und dazu kommen noch die vielfältigen Seniorenangebote in den verschiedensten Bildungseinrichtungen. An Angeboten für aktives Altern fehlt es nicht, aber geht es nur um das Annehmen von externen Offerten? Kommt es nicht ganz wesentlich auch darauf an, dass ich mich um mich selbst kümmere, dass ich auf den verschiedensten Ebenen meines Daseins den Taktstock selbst ergreife? Liegt darin nicht auch die Chance, meinem Leben seine endgültige Gestalt zu geben, indem ich einem letzten Reifen Raum gewähre? Könnte es nicht sein, dass auch in meinem Beten ein Taktwechsel ansteht, indem ich mit den neuen Erfahrungen und Fragen des alternden Menschen an das Beten herantrete, und so auch an das Vaterunser?

Beten in späteren Jahren

Wie ist es da um unser Beten bestellt, wenn wir in den Herbst unseres Lebens eintreten? Gewiss, die vier Grundformen des Betens – Loben, Danken, Bitten und Klagen – bleiben auch im Alter weiterhin gültig, aber sie bekommen eine andere Färbung und einen anderen Rhythmus. So wie es Kinder- und Jugendgebete gibt, die aus der Lebenssituation von Kindern und Jugendlichen heraus entstehen, so gibt es auch ein Beten der Erwachsenen und dann auch ein eigens akzentuiertes Beten älterer Menschen. In jedem Alter geht es ja darum, im Gebet das eigene Leben vor Gott vertrauensvoll auszubreiten. Je älter wir werden, umso mehr erleben wir, wie sich die Gestalt und der Rhythmus unseres Lebens und damit auch unser Beten verändert. In jüngeren Jahren trägt einen mehr das Beten in einer Gruppe, das Beten im Gottesdienst. Hunderttausende aus der jüngeren und auch mittleren Generation aus Europa und anderen Kontinenten waren in den vergangenen Jahrzehnten in Taizé. Die Erfahrung mit Gebet und Gottesdienst in diesem Dorf in Burgund ist oft so tiefgehend, dass zuhause nach Taizé-Gebetsgruppen Ausschau gehalten wird, um in dieses Erleben wieder eintauchen zu können. Ähnliches wurde und wird auch bei Wallfahrten und gemeinsamen Gottesdiensten erfahren. Gemeinschaftliches Beten ist und bleibt auf jeden Fall eine der tragenden Säulen einer echten Gebetskultur.

Wenn aber die Jahre zu- und die Kräfte abnehmen, wenn man nicht mehr so mitmachen kann wie früher, wenn man mehr Zeit hat, bei sich selbst einzukehren, dann steigt die Bedeutung des inneren und persönlichen Betens. Der Apostel Paulus drückt das in seinem zweiten Brief an die Gemeinde von Korinth so aus: „Wenn auch unser äußerer Mensch aufgerieben wird, der innere wird Tag für Tag erneuert … denn wir starren nicht (mehr) auf das Sichtbare, sondern wir schauen aus nach dem Unsichtbaren" (2 Kor 4,16.18).

In solchem Rückblick und Ausblick kann man eine erstaunliche Entdeckung machen: Auch in jenen Lebensabschnitten, in denen man vielleicht nur wenig oder gar nicht gebetet hat, wurde man irgendwie geheimnisvoll geführt. Gottes Geist war da, auch wenn wir ihn nicht bemerkt haben. Im Gebet können wir uns bewusst mit allem, was uns bewegt, dem zuwenden, der alles trägt. Man kann das eigene Leben wie ein Buch vor Gott aufblättern, man kann dabei auf vorgegebene Gebetstexte zurückgreifen oder auch ganz einfach sagen: „Ich bin jetzt vor dir da." In all diesen verschiedenen Gebetsformen und Gebetsweisen treten wir in Gottes Gegenwart ein, nennt er sich doch selbst „Ich bin JHWH – Ich bin der ICH-BIN-DA". So kann auch ein ganz einfaches „Da sein" vor Gott zu einem Spiegel der Gegenwart Gottes werden, vor allem dann, wenn uns die Gebetsworte ausgehen. „Denn in ihm leben wir, bewegen wir uns und sind wir" (Apg 17,28).

Persönliches und auch wortloses Beten ist die zweite Säule jeder guten Gebetskultur, die in späteren Jahren an Bedeutung zunimmt. Im Vaterunser kommt beides zum Tragen: gemeinschaftliches und persönliches Beten. Letzteres kann in ein einfaches Verweilen bei einer der Bitten einmünden oder – wie schon gesagt – auch in das bloße Dasein in Gottes Gegenwart.

DAS GEBET DES HERRN

Es gibt wohl kein Gebet auf dieser Erde, das von so vielen Menschen und in so vielen Sprachen gesprochen und gebetet wird wie das Gebet des Herrn; aber es gibt wohl auch kein zweites Gebet, das so oft einfach geplappert und geleiert wurde wie dieses. Es wurde am Beginn unseres Lebens über uns gesprochen, wir selbst beten es immer wieder gemeinsam oder auch allein und dürfen hoffen, dass es auch bei unserem Begräbnis nochmals über uns gesprochen wird.

Bereits am Ende des ersten Jahrhunderts hat das Vaterunser in den christlichen Gemeinden das dreimalige „Schema Israel" – „Höre Israel! Jahwe, unser Gott, Jahwe ist einzig. Darum sollst du den Herrn, deinen Gott, lieben mit ganzem Herzen, mit ganzer Seele und mit ganzer Kraft" (Dt 6,4.5) – abgelöst. Das täglich dreimalige Gebet des Herrn sollte das Leben des christlichen Alltags heiligen. Es wurde damals als eine kostbare Zusammenfassung des ganzen christlichen Glaubens betrachtet. Ob es nicht auch für unsere späteren Jahre ein kostbares Angebot darstellt?

Was aber wissen wir über die Herkunft dieses wunderbaren Gebetes?

Das Vaterunser bei Lukas

Im Lukasevangelium (Lk 11,1–4) wird uns berichtet: Jesus betete einmal an einem Ort, und als er das Gebet beendet hatte, sagte einer seiner Jünger zu ihm: Herr, lehre uns beten, wie schon Johannes seine Jünger beten gelehrt hat. Da sagte er zu ihnen: Wenn ihr betet, so sprecht:

> Vater,
> dein Name werde geheiligt.
> Dein Reich komme.
> Gib uns täglich das Brot, das wir brauchen.
> Und erlass uns unsere Sünden;
> denn auch wir erlassen jedem, was er uns schuldig ist.
> Und führe uns nicht in Versuchung.

Jesus kam vom Gebet und hat gleichsam aus diesem Beten heraus auf die Bitte des Jüngers geantwortet. Was aber war es, was den Jünger dazu bewogen hat, so zu fragen? Sie haben doch schon oft erlebt, wie Jesus mit ihnen das dreimalige „Schema Israel", das für jeden Juden eine Selbstverständlichkeit war, gebetet hat, wie er mit der Gemeinde am Sabbat in der Synagoge gebetet hat, ebenso bei gemeinsamen Gastmählern und vielen anderen Gelegenheiten. Es muss von Jesus immer dann, wenn er sich zum persönlichen Gebet zurückgezogen hat, eine besondere Ausstrahlung ausgegangen sein. Einmal hatte er Petrus, Johannes und Jakobus mitgenommen, um auf einem Berg zu beten. „Und während er betete, veränderte sich das Aussehen seines Gesichtes, und sein Gewand wurde leuchtend weiß" (Lk 9,28.29). Vielleicht haben sich die Jünger bei dieser und anderen Gelegenheiten an den Psalmvers (Ps 34,6) erinnert, wo es heißt: „Die zu ihm (Jahwe) aufblicken, werden strahlen." Vielleicht war es diese Erfahrung, welche die Jünger mit dem betenden Jesus gemacht und dabei gespürt haben, dass dieses Beten die Quelle seiner Kraft ist. So wird verständlich, dass einer von ihnen eines Tages den Mut fasst, ihn zu bitten: „Herr, lehre uns beten!" (Lk 11,1). Jesus schenkt ihnen Anleitung und Gebet in einem. Das Besondere an diesem Gebet ist aber, dass wir darin wie in einem Spiegel der ganz persönlichen Spiritualität Jesu begegnen und gleichzeitig eingeladen werden, in sein Beten hineinzuwachsen. Das ist das eigentliche Geheimnis des Vaterunsers und der tiefste Grund für die Faszination, die von diesem Gebet in allen Umbrüchen der Zeit und unseres Lebens bis in die späteren Jahre ausgeht: Es lässt uns den Herzschlag des Betens Jesu erfahren.

„Gebet des Herrn" hat rein sprachlich eine zweifache Bedeutung: Es handelt sich um das Gebet, das der Herr seinen Jüngern geschenkt hat, aber auch um das Gebet, das vom Beten Jesu Zeugnis gibt.

Das Vaterunser bei Matthäus

Der Evangelist Matthäus überliefert uns ebenfalls das Gebet des Herrn, aber in anderem Zusammenhang, für gemeinsames Beten ausformuliert und um zwei Bitten erweitert. Es steht in der Mitte der Bergpredigt (Mt 6,9–13) und damit in der Mitte der neuen Lebensordnung, die Jesus der Welt gebracht hat. Dieses Gebet soll in der christlichen Gemeinde einen zentralen Platz einnehmen, weil es eine tragfähige Brücke zum himmlischen Vater und zu den Brüdern und Schwestern im Glauben darstellt. Schon mit der Anrede „Vater unser" wird beides zum Ausdruck gebracht. Wie das Matthäusevangelium als Ganzes das Leben der christlichen Gemeinde im Blick hat, so das Vaterunser das Beten der Gemeinde. Spürbar wird dies vor allem in den „Wir-Bitten". Die dritte und siebte Bitte kann als Entfaltung der vorausgehenden verstanden werden. So wird durch die Siebenzahl der Bitten die Vollkommenheit dieses Gebetes unterstrichen.

Während Lukas von der Entstehungssituation des Vaterunsers berichtet, rahmt Matthäus das Gebet des Herrn mit einigen wichtigen Hinweisen zum Gelingen des Betens ein: Beten darf nie zu einem bloß äußeren Tun verkommen. Der Königsweg zu echtem Beten ist der Weg nach innen ins eigene Herz. Dahinter steht wohl Jesu eigene Erfahrung, dass des Menschen Herz der eigentliche Ort der Begegnung mit Gott ist. Gebetsmühlenartiges, plapperndes Aufsagen vieler Worte macht keinen Sinn, denn der Vater weiß schon im Voraus zu unserem Beten und Bitten, was wir brauchen (vgl. dazu Mt 6,5–8).

Die Einladung Jesu für die Jüngergemeinde: So sollt ihr beten:

Unser Vater im Himmel,

dein Name werde geheiligt,
dein Reich komme,
dein Wille geschehe
wie im Himmel, so auf der Erde.

Gib uns heute das Brot, das wir brauchen.
Und erlass uns unsere Schulden,
wie auch wir sie unseren Schuldnern erlassen
haben.
Und führe uns nicht in Versuchung,
sondern rette uns vor dem Bösen.

Am Beginn steht die Anrede „Unser Vater im Himmel". Dann folgen in einer ersten Strophe drei und in einer zweiten vier Bitten.

Da es im Judentum üblich war, jedes Gebet mit einem Lobpreis zu beenden, so wird verständlich, dass auch die christlichen Gemeinden einen solchen Lobpreis am Ende des Vaterunsers gesprochen haben:

Denn dein ist das Reich
und die Kraft und die Herrlichkeit
in Ewigkeit. Amen.

Die vorgestellten Texte aus dem Lukas- und Matthäusevangelium sind der Einheitsübersetzung
entnommen. Bei der uns geläufigen Fassung
handelt es sich um eine autorisierte Übersetzung für den liturgischen und privaten Gebrauch
aus dem lateinischen „Pater noster", an das sich
noch manche aus der älteren Generation erinnern werden. Es wurde in der alten Liturgie vom
Priester allein gebetet oder gesungen und nur bei
der letzten Bitte hat die Gemeinde eingestimmt.

Pater noster, qui es in caelis;
sanctificetur nomen tuum;
adveniat regnum tuum;
fiat voluntas tua, sicut in caelo, et in terra.
Panem nostrum cotidianum da nobis hodie;
et dimitte nobis, debita nostra,
sicut et nos dimittimus debitoribus nostris;
et ne nos inducas in tentationem;
sed libera nos a malo.

EINLADUNG

„Kostet und seht, wie gut der Herr ist,
wohl dem, der zu ihm sich flüchtet"
(Ps 34,9)

Dieser Psalmvers richtet sich an Menschen, welche die Not und Bedrängnis des Lebens erfahren haben, aber auch darum wissen, dass es eine Adresse gibt, an die man sich in jeder Situation wenden kann. Ihnen wird gesagt: Wer sich wirklich auf den Herrn einlässt, wer zu ihm flüchtet, kann erfahren, dass Jahwe gut ist. Daher: „Selig, wer bei ihm Zuflucht sucht."

Man kann diesen Vers auch leicht abwandeln und sagen: „Kostet und seht, wie gut das Gebet des Herrn ist. Selig, wer im Vaterunser seine Zuflucht sucht und erfährt, dass Gott gut ist." Genau das haben Christen in allen Jahrhunderten und überall auf der Erde versucht und sind auch fündig geworden, wenn sie ihr Leben mit diesem Gebet ins Gespräch gebracht haben.

Ignatius von Loyola († 1556) hat in seinem Exerzitienbuch darauf aufmerksam gemacht, dass nicht „viel Wissen", sondern nur das „Verkosten der Dinge von innen" die Seele sättigt. Im Blick auf unser Vorhaben übertragen, das Vaterunser in späteren Jahren neu zu entdecken, heißt dies: Wir wollen versuchen, das Vaterunser zu „verkosten", indem wir mit unseren Lebenserfahrungen in die Lebens- und Gebetswelt Jesu eintauchen, um uns von seinem Beten berühren und anregen zu lassen.

In acht Schritten – entsprechend der Anrede und den sieben Bitten – soll dieser Weg, zu dem das Gebet des Herrn einlädt, beschritten werden.

Die Anrede führt in das Geheimnis der Gottesbeziehung Jesu und damit auch zum Geheimnis unserer eigenen Gottesbeziehung.

Die erste Strophe spricht aus, was Jesus im Angesicht des Vaters ganz persönlich bewegt und auch unser Beten bestimmen soll.

Die zweite Strophe bringt zur Sprache, was für das Gelingen des christlichen Gemeindelebens und auch unseres persönlichen Lebens von entscheidender Bedeutung ist.

VATER UNSER IM HIMMEL

Das Vaterunser ist nicht irgendein Gebet neben den Psalmen und anderen jüdischen Gebetstexten, sondern ein Gebet, welches aus der ganz persönlichen Gebetserfahrung Jesu stammt. Wenn dabei auch Worte aus der jüdischen Gebetstradition verwendet werden, dann ist das ein Hinweis, dass Jesu Beten im Beten des Volkes Israel wurzelt.

Das Johannesevangelium beschreibt eine erste Begegnung von zwei Jüngern Johannes' des Täufers mit Jesus auf folgende Weise: „Als Jesus vorüberging, richtete Johannes seinen Blick auf ihn und sagte: Seht, das Lamm Gottes! Die beiden Jünger hörten, was er sagte, und folgten Jesus. Jesus aber wandte sich um, und als er sah, dass sie ihm folgten, fragte er sie: Was wollt ihr? Sie sagten zu ihm: Rabbi – das heißt übersetzt Meister –, wo wohnst du? Er antwortete: Kommt und seht! Da gingen sie mit ihm und sahen, wo er wohnte, und blieben jenen Tag bei ihm; es war um die zehnte Stunde" (Joh 1,36–39).

Wir wissen nicht, worüber sie an diesem Nachmittag gesprochen haben, aber wir wissen, dass diese Begegnung für die beiden Jünger der Anfang eines neuen Lebens war. Die Frage „Wo wohnst du?" bedeutet auch: „Wo bist du zuhause, wie lebst du, was ist deine Welt?" Jesus nimmt sie mit und schenkt ihnen einen ersten Einblick in seine Welt. Das Ergebnis dieses Gespräches lautet: „Wir haben den Messias gefunden" (Joh 1,41).

Haben wir in unserem Leben nicht immer wieder einmal die Erfahrung gemacht, dass es etwas ganz Besonderes ist, wenn wir zum ersten Mal in die Wohnung eines Bekannten oder einer Bekannten eingeladen werden? Da öffnet sich ja nicht nur eine Tür in einen Vorraum, in eine Küche oder in ein Wohnzimmer, da dürfen wir auch einen Blick in die Lebenswelt des anderen tun. Und wenn auf die Einladung eine Gegeneinladung folgt und dies zu einer guten Gewohnheit wird, dann gibt es nicht bloß einen festen Platz in der Wohnung des anderen, sondern auch im Herzen des anderen. Die Wohnung eines ande-

ren Menschen können wir beschreiben und be-
urteilen, das Wohnen im Herzen eines Menschen
hat nochmals eine ganz andere Qualität. Sie lässt
uns die Kostbarkeit und das Geheimnis des anderen ahnen und beglückt unser Leben. Eine Erfahrung, die auch für unser Daheimsein in Gott
Gültigkeit hat.

Im Geheimnis Wohnung
und Heimat finden

Was auf diesen ersten Besuch und diese erste Begegnung bis hin zum Kreuz folgt, ist die Ausfal-
tung dessen, was das Lebensgeheimnis Jesu ausmacht: in Gott daheim sein und von ihm her, wie
aus einer immer sprudelnden Quelle zu leben
und diese erfahrene Zuwendung in die Welt und
in das Leben der Menschen hineinzutragen.
Das Lebensgeheimnis Jesu hat auch einen Namen: „Abba – Vater".

Im griechischen Text des Neuen Testamentes findet sich die Gottesanrede „Abba – Vater" gleich
dreimal im aramäischen Originalton. Einmal im
Markusevangelium, wo Jesus am Ölberg vor der

nahenden Katastrophe in das Schweigen und die scheinbare Ferne Gottes hineinruft: „Abba, Vater, alles ist dir möglich. Nimm diesen Kelch von mir! Aber nicht, was ich will, sondern was du willst (soll geschehen)" (Mk 14,36). Und zweimal verwendet der Apostel Paulus diesen aramäischen Ausdruck Abba in seinen Briefen an die Römer und die Galater, um deutlich zu machen, dass auch wir in die ganz persönliche Gottesbeziehung Jesu hineingenommen sind.

Die Wurzeln der Gottesbeziehung Jesu

Nur in wenigen Texten des Alten Testamentes wird von Gott als Vater gesprochen – als Vater des Volkes Israel und als Vater des Königs. Aber damit ist keine physische Vaterschaft gemeint, sondern Gottes Hilfe und Schutz für das Volk und den König. Die Rede vom Vatergott ist in Israel vermutlich auch deshalb so diskret, um der Gefahr zu entgehen, mit den Vatergottheiten der umliegenden Kulturen in einen Topf geworfen zu werden. Selbstverständlich trägt Gott als Vater des Volkes und der Könige auch männliche Züge, die – einer patriarchalen Gesellschaftsstruktur entsprechend – über weite Strecken dominant sind, aber es gibt eben auch ganz eindeutig weibliche Züge im Gottesbild Israels. In der Selbstvorstellung Gottes auf dem Berg Sinai vernimmt Mose die Worte: „Jahwe ist ein barmherziger und gnädiger Gott, langmütig, reich an Huld und Treue" (Ex 34,6). Nun aber hat „Barmherzigkeit" im Hebräischen dieselbe Wortwurzel wie „Mutterschoß", und so kann man gut begründet sagen, alle Rede vom „barmherzigen Gott" spricht eigentlich von den mütterlichen Zügen Gottes. Gott ist weder Mann noch Frau, weder Vater- noch Muttergottheit im altorientalischen Sinn, sondern der Schöpfer des Himmels und der Erde, der Befreier und Erlöser seines Volkes aus der Knechtschaft Ägyptens, und er ist der Bundesgott seines Volkes, der den Menschen väterlich und mütterlich zugewandt ist. In dieser Welt ist Jesus groß geworden und in dieses Gottesverständnis ist er hineingewachsen.

Wie aber konnte es dazu kommen, dass die Rede von Gott als „seinem Vater" von den Juden als eine gotteslästerliche Provokation empfunden wurde? Nach der Heilung eines seit achtunddreißig Jahren kranken Mannes verfolgen die Juden

Jesus, weil er dies an einem Sabbat getan hat. Jesus entgegnet ihnen: „Mein Vater ist noch immer am Werk, und auch ich bin am Werk. Darum waren die Juden noch mehr darauf aus, ihn zu töten, weil er nicht nur den Sabbat brach, sondern auch Gott seinen Vater nannte und sich damit Gott gleichstellte" (Joh 5,17.18). Nicht bloß die Missachtung des Sabbatgebotes, sondern mehr noch die Rede über seine Gottesbeziehung wird zum Stein des Anstoßes. War dieses „Mein Vater" nicht ganz auf der Linie der Glaubenstradition Israels? Weshalb der Vorwurf der Gotteslästerung? Nun, hinter diesem Ausdruck steht das aramäische Wort „Abba", welches damals verwendet wurde, wenn Kinder ihren eigenen Vater („lieber Papa") angesprochen haben und damit ihre ganz persönliche und einmalige Beziehung zu ihrem Vater zum Ausdruck brachten. Indem Jesus von Gott als „Abba", als „seinem Vater" spricht und dann noch hinzufügt, dass er dessen Werk tue, hat er nicht bloß von seiner ganz einmaligen und persönlichen Beziehung zum Gott Israels gesprochen, sondern auch all sein Verkünden und Handeln als Anbruch der Gottesherrschaft dargestellt, auch wenn dabei scheinbar heilige Gesetze verletzt wurden. Er verkündet, dass der Sabbat für den Menschen, nicht aber der Mensch für den Sabbat da sei. Er gibt sich mit Zöllnern und Sündern ab und begründet sein Verhalten mit dem Hinweis, dass der Vater im Himmel seine Sonne aufgehen lässt über Böse und Gute, und dass er es regnen lässt über Gerechte und Ungerechte. Er kümmert sich um Arme und Ausgegrenzte, er hat ein Herz für Kinder und Kranke. Er versteht seinen Auftrag und seine Sendung nicht als Aufhebung des Gesetzes, sondern als dessen wahre Erfüllung.

Sein Gottesbild ist gekennzeichnet durch eine geradezu unbegreifliche Güte. Er ist gekommen, das liebende Antlitz des Vaters zu enthüllen. Großartig kommt dies zum Ausdruck in den drei Gleichnissen vom verlorenen Schaf, von der verlorenen Drachme und vom verlorenen Sohn (Lk 15,1–32). Im ersten Gleichnis steht für Gott der gute Hirt, der dem einen Schaf, das sich verloren hat, nachgeht, bis er es findet; im zweiten Gleichnis steht für Gott eine Frau, die nach der verlorenen Drachme sucht und diese findet; und im dritten schließlich der großartige Vater, der den Sohn ziehen lässt, ihm aber entgegeneilt, als dieser als Gestrandeter nachhause zurückkehrt. Auf sein Schuldbekenntnis geht der Vater erst gar nicht ein, er lässt vielmehr ein Fest feiern, weil der Tote wieder lebendig und der Verlorene wieder gefunden ist.

Das ist der Gott, den Jesus seinen Vater nennt, von dem er sich autorisiert und beauftragt weiß, genau so zu handeln. Es ist seine Sendung, die Nähe des Himmelreiches durch sein Reden und Handeln erfahrbar zu machen. Später wird man sagen, in ihm hat Gottes Zuwendung menschliche Gestalt angenommen, in ihm ist Gottes Wort Fleisch geworden (vgl. Joh 1,14). Diesem Auftrag, die Nähe und Menschenfreundlichkeit in diese Welt hineinzutragen, ist er treu geblieben bis zu seinem Todeskampf am Kreuz, wenn er betet: „Vater, vergib ihnen, denn sie wissen nicht, was sie tun" (Lk 23,34), und einem Mitgekreuzigten verheißt: „Amen, ich sage dir: Heute noch wirst du mit mir im Paradies sein" (Lk 23,43).

Spätestens jetzt steht die Frage an, wie Jesus zu diesem Gottesbild und zu dieser Abba-Erfahrung gekommen ist. Im Letzten wird dies immer ein Geheimnis, ein Mysterium bleiben, aber es gibt in den Evangelien einige Anhaltspunkte, die uns eine Annäherung an dieses Geheimnis erlauben.

Da gab es das verborgene Leben in Nazaret mit der Erfahrung von Geborgenheit und Daheimsein, da gab es den Aufbruch zum Jordan und das geheimnisvolle Tauferlebnis, in dem sich ihm der Himmel öffnet und Gottes Geist auf ihn kommt. Es gab die Stunden, da er sich in die Stille und die Einsamkeit zurückzog, um betend in die Gegenwart und Nähe Gottes einzutauchen. Es gab die Erfahrung, dass Gottes Kraft in ihm und durch ihn an den Menschen wirksam wurde. Es gab für ihn die Erfahrung, wie Menschen, die ihm begegnet sind, verwandelt wurden, und es gab auch für ihn persönlich die Erfahrung, dass er – vor allem für die Verlorenen – „Brot des Lebens" war, das vom Himmel kommt.

Es gab aber auch die andere Seite: Er wurde von den Hütern des Glaubens abgelehnt und verfolgt, seine Verwandten glaubten, er sei von Sinnen, und wollten ihn mit Gewalt nachhause bringen; von seinen Jüngern wird er oft nicht verstanden, Petrus will ihn von seinem Weg abbringen, Judas verrät ihn und Petrus verleugnet ihn; am Ölberg überkommt ihn Todesangst und er betet, dass dieser Kelch an ihm vorübergehe. Seine Freunde schlafen und fliehen, als man ihn gefangen nimmt. Die Gerichtsverhandlung ist ein Schauprozess, seine Verurteilung ein Justizskandal, die Geißelung und Verspottung, der Kreuzweg und die Kreuzigung ein grauenvolles und entsetzliches Ende. Matthäus und Markus berichten von dem verzweifelten Schrei „Mein Gott, mein Gott, warum hast du mich verlassen" (Mt 27,46) und bezeugen damit das absolute Dunkel, das Jesus sterbend erfahren hat, während Lukas auch von einem letzten Abba-Ruf „Vater, in deine Hände lege ich meinen Geist" (Lk 23,46) weiß.

Rein menschlich gesehen ist Jesus am Kreuz gescheitert. Die Jünger verlassen ihn, kehren enttäuscht in ihre Heimat zurück und bekennen „Wir hatten gehofft, dass er der sei, der Israel erlösen werde. Und dazu ist heute schon der dritte Tag, seitdem das alles geschehen ist" (Lk 24,21). Den Frauen, die am leeren Grab eine Engelsbotschaft vernommen hatten, dass er lebe, glaubten sie nicht. Erst die Erscheinungen des Auferstandenen ließen sie begreifen, dass Jesu Daheimsein in Gott, den er seinen Abba nannte, sogar den Tod überdauert hat.

Paulus – selbst vom Auferstandenen vor Damaskus zutiefst angerührt und verwandelt – schreibt an die Gemeinde von Rom: „Wenn der

Geist dessen in euch wohnt, der Jesus von den Toten auferweckt hat, dann wird er, der Christus Jesus von den Toten auferweckt hat, auch euren sterblichen Leib lebendig machen, durch seinen Geist, der in euch wohnt" (Röm 8,11). Eine verheißungsvolle Botschaft für alle, die auf der Suche sind.

Unsere Gottesbeziehung auf dem Prüfstand

Im Rückblick auf die eigene Lebensgeschichte kann man unschwer entdecken, dass Glaube und Gottesbeziehung sich oftmals wie ein Gang durch ein Labyrinth ausnehmen. Manchmal hat man sich dem Geheimnis Gottes ganz nahe gefühlt, manchmal war es nur wie aus der Ferne wahrnehmbar oder ist vielleicht auch ganz verblasst. Manchmal war uns die Gottesanrede Vater unser ganz selbstverständlich und dann wieder mit vielen Fragezeichen versehen. Menschen, die mit ihrem Vater traumatische Erfahrungen gemacht oder den eigenen Vater gar nie kennen gelernt haben, werden sich oft schwertun, Gott als einen liebenden Vater anzurufen. Aber kann es nicht auch sein, dass wir erst über den Gott und Vater Jesu erfahren, was Vater im Letzten bedeutet? Wir müssen uns davor hüten, Gott mit unseren Vätern gleichzusetzen. All das aber hängt nicht bloß am guten oder weniger guten Willen des Einzelnen, sondern ist mitbedingt von der gesellschaftlichen Umwelt, von persönlichen Begegnungen, von kritischen Einwänden und auch Enttäuschungen. In unserer Gesellschaft breitet sich auch – manchmal fast unbemerkt – so etwas wie ein neuer Atheismus aus, nicht bloß in Gestalt von Bestsellern, welche die alten Einwände gegen einen Gottesglauben neu auflegen, sondern auch in Gestalt eines alltäglichen, banalen Atheismus, der Gott im praktischen Leben einfach ausklammert. Das ist das geistige Umfeld, in dem wir heute leben. Und haben nicht auch wir schon erfahren, dass wir trotz aller Gebete einem Schweigen Gottes ausgesetzt bleiben wie Jesus am Ölberg und am Kreuz? All das kann unser Glauben mit Fragezeichen versehen und unsere Gottesbeziehung in Gestalt des Betens erkalten lassen.

Aber es geschieht auch immer wieder, dass gerade in späteren Jahren ein erneutes Suchen beginnt und religiöse Fragen von Neuem auftauchen. Der Lebensbogen neigt sich langsam, es stellt sich angesichts der wirtschaftlichen und auch kulturellen Globalisierung, der Klimaentwicklung, der menschenverachtenden politischen Systeme, der immer größer werdenden Schere zwischen Arm und Reich, der Natur- und Beziehungskatastrophen, der ungewissen Zukunft für die nachwachsende Generation und auch im Blick auf die konkrete Kirche die Frage nach Gott nochmals neu. Können wir in dieser Situation Gott noch als unseren Vater anreden? Kann die Gestalt Jesu und seine doch irgendwie einmalige Gottesbeziehung für uns Menschen des 21. Jahrhunderts eine Messlatte sein, an der wir uns orientieren können? Hilft uns ein Eintauchen in die Lebenswelt und Gotteserfahrung Jesu wirklich weiter? Kommt uns da nicht der Gedanke „zu schön, um wahr zu sein, das war doch eine ganz andere Welt"? Selbstverständlich war die Welt vor 2000 Jahren eine ganz andere, aber in vielem der unseren auch ähnlich: Die politischen Verhältnisse waren instabil, Armut, Krankheit, Ausgrenzung und Gewalt waren allgegenwärtig, menschliches Versagen gab es damals wie heute, Religion wurde nicht nur als Befreiung, sondern auch als Zwang erlebt. Man hatte im damaligen Judentum sogar den Eindruck, dass die Welt bald an ihr Ende geraten werde, dass Chaos und Bedrohung auch und gerade für die Anhänger Jesu noch zunehmen werden, wie es die Endzeitrede bei Markus oder die Offenbarung des Johannes mit apokalyptischen und unheimlichen Bildern nahelegen. Könnte es nicht doch sein, dass die Einladung Jesu zum „Vaterunser" auch für uns genauso bedeutsam ist wie für die Jünger damals, weil wir darin inmitten aller Bedrohung und irdischer Heimatlosigkeit Heimat im Geheimnis Gottes finden können?

Besinnung und Einübung

In der uns geläufigen Fassung „Vater *unser* im Himmel" wird von allem Anfang an deutlich, dass es sich um ein Gemeinschaftsgebet handelt. Wir dürfen uns, auch wenn wir Probleme mit diesem Gebet haben, bei anderen gleichsam einhängen. Wir können unser vielleicht armseliges Vaterunser-Beten von anderen mittragen lassen wie auch andere mittragen. Es wird aber auch sein, dass wir manchmal das Vaterunser wie einen letzten Rettungsanker ergreifen, wenn wir nicht mehr wissen, wie wir beten können.

Je älter wir werden, desto mehr begreifen wir, dass nicht bloß jeder neue Tag, sondern auch jeder Atemzug ein Geschenk ist. So kann man einmal versuchen, mit dem Ein- und Ausatmen die Worte „Vater unser im Himmel" mitschwingen zu lassen, um so dem väterlichen und mütterlichen Gott ganz nahe zu sein. Das Wissen darum, dass diese Worte rund um den Erdball von betenden Menschen allzeit gesprochen werden, schenkt uns einen Rahmen, der trägt.

GEHEILIGT WERDE DEIN NAME

Wenn Jesus gerade diese Bitte an die erste Stelle seiner Gebetsanleitung gesetzt hat, dann muss sie ihm ganz besonders am Herzen gelegen sein. Es geht Jesus offensichtlich darum, Gott in unserem Leben groß sein zu lassen. Dann erhält auch unser Leben Größe und einen geheimnisvollen Glanz.

Hilde Domin, eine der großen Lyrikerinnen des 20. Jahrhunderts, hat uns den Satz geschenkt:

Wir Pächter und Weinbauern des Lebens
essen Brot und trinken Wein,
aber wir leben vom Glanz.

Unser Alltag und die Sorge um Essen und Trinken sind wichtig, aber um wirklich zu leben, braucht es den Glanz, das Aufleuchten des ganz anderen, die Erfahrung des Heiligen. Wir alle kennen glanzvolle Feste und Feiern, glanzvolle Tage und Stunden, aber erst der Glanz des Heiligen eröffnet uns die ganze Höhe und Tiefe unseres Lebens. Das wird vor allem dann erlebbar, wenn die großen Stunden unseres Lebens im Licht des Glaubens gefeiert werden.

Den Namen Gottes heiligen

Der Wortlaut dieser Bitte mutet zunächst einmal fremd an. Was ist unter „Namen Gottes" zu verstehen und was meint „heiligen"?

Jesus lebt in der Tradition seines Volkes, in welcher der „Name Gottes" einen herausragenden Stellenwert hat. Gott selbst offenbart ihn am Berg Sinai aus dem brennenden Dornbusch mit den Worten: Ich bin, der „Ich bin da" (Ex 3,14), ein geheimnisvoller Name, der mit den Götternamen der umliegenden Kulturen nichts gemein hat. Er ist „der ganz andere", der sich allen bildhaften und menschlichen Vorstellungen entzieht. Er ist einfach da und wird immer da sein. Dieser „Ich bin da" offenbart sich aber als ein Gott, der hochsensibel für die Not und das Leid der Menschen ist: „Ich habe das Elend meines Volkes in

Ägypten gesehen und ihre laute Klage über ihre Antreiber habe ich gehört. Ich kenne ihr Leid. Ich bin herabgestiegen, um sie der Hand der Ägypter zu entreißen und aus jenem Land hinaufzuführen in ein schönes, weites Land, ein Land, in dem Milch und Honig fließen" (Ex 3,7.8). Sein Name steht für geheimnisvolle Nähe und Gegenwart, aber auch für Befreiung und Schutz. Und noch ein zweites Mal legt Gott seinen Namen aus. Nach dem Tanz um das Goldene Kalb wird Mose neuerdings mit zwei Tafeln auf den Berg gerufen, nachdem er in einem Zornausbruch über das Verhalten des Volkes die beiden ersten Bundestafeln zerschmettert hat. „Der Herr (JHWH) aber stieg in der Wolke herab und stellte sich dort neben ihn (Mose) … Der Herr ging an ihm vorüber und rief: Jahwe ist ein barmherziger und gnädiger Gott, langmütig, reich an Huld und Treue. Er bewahrt Tausenden Huld, nimmt Schuld, Frevel und Sünde hinweg, lässt aber (den Sünder) nicht ungestraft" (Ex 34,5–7). Der Name Gottes lässt nun sein innerstes Wesen ahnen: Barmherzigkeit und Gnade, die sich in einer unermesslichen Vergebungsbereitschaft zeigt und selbst Strafen als Folge von Fehlverhalten mit Langmut ummantelt.

Ein Text von Alfons Deissler († 2005), bedeutender Fachmann für Altes Testament im 20. Jahrhundert, bringt dies auf den Punkt:

> In das Dunkel deiner Vergangenheit
> und in das Ungewisse deiner Zukunft,
> in den Segen deines Helfens
> und in das Elend deiner Ohnmacht
> lege ich meine Zusage:
> Ich bin da.
>
> In das Spiel deiner Gefühle
> und in den Ernst deiner Gedanken,
> in den Reichtum deines Schweigens
> und in die Armut deiner Sprache
> lege ich meine Zusage:
> Ich bin da.
>
> In die Fülle deiner Aufgaben
> und in die Leere deiner Geschäftigkeit,
> in die Vielzahl deiner Fähigkeiten
> und in die Grenzen deiner Begabung
> lege ich meine Zusage:
> Ich bin da.

In das Glück deiner Begegnungen
und in die Wunden deiner Sehnsucht,
in das Wunder deiner Zuneigung
und in das Leid deiner Ablehnung
lege ich meine Zusage:
Ich bin da

In die Enge deines Alltags
und in die Weite deiner Träume,
in die Schwäche deines Verstandes
und in die Kraft deines Herzens
lege ich meine Zusage:
Ich bin da.

Groß sollst du sein, Gott alles in allem

So hat Heinz Schürmann († 1999), Neutesta-
mentler in Erfurt, die Eröffnungsbitte des Vaterunsers übertragen. Das war das Grundanlie-
gen Jesu: dem heiligen Gott, den er seinen Vater
nennt, Raum zu schenken, seine Heiligkeit durch
uns in diese Welt einströmen zu lassen. In seinem „Abschiedsgebet" an den Vater fasst er zusammen, was sein Lebensthema war: „Ich habe
deinen Namen den Menschen offenbart, die du

mir aus der Welt gegeben hast. … Heiliger Vater, bewahre sie in deinem Namen, den du mir gegeben hast, damit sie eins sind wie wir. … Ich habe ihnen deinen Namen bekannt gemacht, … damit die Liebe, mit der du mich geliebt hast, in ihnen ist und damit ich in ihnen bin" (Joh 17,6.11.26). Dieses Bitten Jesu um das Bewahrtwerden im Namen des Vaters wird verständlich, wenn wir daran denken, wie der Tempel, nach jüdischem Verständnis die Wohnung Gottes, und der Sabbat als Zeitfenster für Gott und als Aufatmen im Alltag vielfach und immer wieder entweiht wurden. Die „Heiligung des Namens" ist für Jesus Dienst am Menschen, der seine wahre Größe erst dann erreicht, wenn er sich vom Himmel berühren lässt und den Mitmenschen in Liebe verbunden ist. Dafür hat Jesus gelebt, und dafür ist er gestorben. Weil Jesus darum wusste, wie leicht der Name Gottes verdunkelt werden kann, hat er die Bitte, Gott selbst möge dafür Sorge tragen, dass wir dem Heiligen Raum geben, an den Anfang seines und unseres Betens gestellt.

Geschaffen, um Gott zu loben

„Der Mensch ist geschaffen, um Gott zu loben",
so beginnt einer der großen spirituellen Texte, die
sogenannten „Geistlichen Übungen" oder „Exer-
zitien" des Ignatius von Loyola († 1556).

Wenn wir einen anderen Menschen loben,
dann geschieht etwas ganz Eigenartiges. Wir gehen gleichsam von uns weg zum anderen hin,
um ihm unsere Anerkennung und unser Lob wie
ein Geschenk zu überreichen. In diesem Augenblick übersteigen wir uns selbst und sind beim
anderen. Die Freude und Dankbarkeit, die uns
dann als Antwort entgegenkommen, lassen spüren, wie wohltuend eine derartige Zuwendung ist
– eine echte Aufwertung des Lebens. Ganz Ähnliches geschieht, wenn wir Gott loben, wenn wir
seinen Namen heiligen. Im persönlichen und
auch gemeinsamen Lob Gottes übersteigen wir
unsere irdische Existenz und gehen im Lob wie
auf einer Brücke Gott entgegen. Diese Begegnung aber verleiht unserem Leben eine neue Dimension, wir berühren im Lobpreis seiner Herrlichkeit den Himmel.

Besinnung und Einübung

Wir leben in einer mehr und mehr säkularisierten Gesellschaft, in der es für das Heilige kaum noch Platz gibt. Wenn heutzutage danach gefragt wird, was den Menschen heilig sei, dann wird von Gesundheit und Familie, von gesichertem Einkommen, von Urlaub und Reisen und vielem anderen mehr gesprochen. Es kommt so zur Sprache, worauf man auf keinen Fall verzichten möchte, was einem wirklich wichtig ist. Dagegen ist auch nichts einzuwenden, denn das Hochhalten von echten Werten und Zielen trägt ja auch zum Gelingen unseres Lebens bei.

Die Eröffnungsbitte des Vaterunsers aber weitet unseren Horizont und möchte zur Einladung werden, unser Gotteslob im Bewundern der Schöpfung, im Dank für das Leben und seine geheimnisvolle Führung in guten und schlechten Tagen im Gebet neu zu beleben.

Man könnte sich Zeit nehmen, Erinnerungen an kostbare Erfahrungen aufsteigen zu lassen, die unserem Leben einen geheimnisvollen Glanz geschenkt haben. Das können freudige Erinnerungen an die großen und beglückenden Stunden unseres Lebens, aber auch Erinnerungen an

Abstürze und Tiefpunkte in unserem Leben sein, die uns den hellen und auch dunklen Glanz des ganz anderen erfahren ließen. Vielleicht ergibt sich daraus von neuem die Anregung, Gott groß sein zu lassen, seinen Namen zu heiligen, ihn zu loben.

Der heilige Augustinus († 430) hat im Blick auf den fernen und doch in allem auch nahen Gott geschrieben: „Über Gott reden können wir nicht; über ihn schweigen dürfen wir nicht; also lasst uns ihn lobpreisen."

DEIN REICH KOMME

Wenn wir das Wort „Reich" vernehmen, kann das ganz verschiedene Assoziationen auslösen. Wir können an die großen Weltreiche der Geschichte denken, an das Römische Reich, an das Habsburgerreich, an heute noch bestehende Königreiche, aber es können uns auch die armen und reichen Nationen dieser Erde einfallen, die Schere zwischen Arm und Reich, die Schere, die immer weiter aufgeht, und vieles andere mehr. Das eine Mal geht es um politische Größen, das andere Mal um ökonomische Verhältnisse. Von all dem aber ist die Predigt Jesu vom Kommen des Gottesreiches meilenweit entfernt. Worauf richtet sich dann diese Bitte, die uns zunächst einmal fremd erscheinen mag?

Gottes Königtum

Im gesamten Alten Orient gab es Vorstellungen von einem Königtum Gottes, welches in den

Herrschern als den irdischen Statthaltern des Gott-Königs sichtbar erscheint und im Kult gefeiert wird. Gefährlich wurde es immer dann, wenn vom Gott-Königtum der Herrscher nur mehr Herrschaft, Reichtum und Unterjochung des Volkes geblieben ist. Lange hat man sich in Israel gegen die Einführung eines derartigen Königtums gewehrt. Erst mit Saul, David und Salomon wurde ein Königtum eingeführt, welches den Gott-König Jahwe als den guten Hirten seines Volkes repräsentieren sollte. Aber auch dieses Königtum ist schon bald zu einem sehr menschlichen Königtum verkommen. Der Prophet Ezechiel geißelt diesen Verfall mit den Worten: „So spricht Gott, der Herr: Weh den Hirten Israels, die nur sich selber weiden. … Ihr trinkt die Milch, nehmt die Wolle für eure Kleidung und schlachtet die fetten Tiere; aber die Herde führt ihr nicht auf die Weide. … Die Hirten sollen nicht länger nur sich selbst weiden … Jetzt will ich meine Schafe selber suchen, und mich selber um sie kümmern" (Ez 34,2–11).

Dieses „Jetzt" greift Jesus, wie Markus berichtet, auf: „Nachdem man Johannes ins Gefängnis geworfen hatte, ging Jesus wieder nach Galiläa; er verkündete das Evangelium Gottes und sprach: Die Zeit ist erfüllt, das Reich Gottes ist nahe. Kehrt um und glaubt an das Evangelium!" (Mk 1,14.15). Jesus verkündet das „Evangelium Gottes", eine schicksalswendende, freudige Botschaft, welche ihren Ursprung in Gott selbst hat. Jetzt – mit dem Auftreten Jesu – beginnt die von den Propheten angekündigte Wende zur Gottesherrschaft.

Die Predigt Jesu und damalige Erwartungen

Worte wie die des Propheten Ezechiel oder auch die großen Hoffnungsbilder der anderen Propheten haben die Erwartung genährt, dass Gott selbst im Volk Israel ein Reich und eine Königsherrschaft errichten wird, die sich von allen irdischen Herrschaftsformen radikal unterscheiden wird. Als die Wahrscheinlichkeit für eine politische Umsetzung einer solchen Herrschaft mehr und mehr schwand, kam es zu einer Neuinterpretation der alten Hoffnungsbilder. Gott selbst wird dieser Weltzeit ein Ende setzen und einen neuen Himmel und eine neue Erde schaffen. Ein von Gott Gesalbter (Messias – Christus) wird diese Wende herbeiführen. Die Bandbreite diesbezüglicher Vorstellungen reichte von einem doch noch politischen Umsturz durch einen neuen David bis hin zu einem Neubeginn durch eine Priestergestalt.

In diesem politischen und religiösen Umfeld tritt Jesus auf und verkündet den Anbruch der Gottesherrschaft und die Nähe des Himmelreiches.

Was steht ihm dabei vor Augen? Jesus hat sich keiner der gängigen Reich-Gottes-Erwartungen angeschlossen, auch wenn er den endzeitlichen Ideen in einem gewissen Sinn nahestand. In den Gleichnissen vermittelt er, wie er das Kommen des Reiches Gottes sieht. Es ist kein menschliches Machwerk, sondern reines Geschenk: Gleichnis vom Wachsen der Saat (Mk 4,26–29); kein großer Event, sondern ein unscheinbarer Beginn mit einem überraschenden Finale: Gleichnis vom Senfkorn (Mk 4,30–32); kein Programm für religiöse Eliten, sondern eine Einladung für alle: Gleichnis vom Unkraut und Weizen (Mt 13,24–30). In seiner Zuwendung zu den Menschen – zu den Armen und Kranken, zu den Ausgegrenzten und Sündern, zu den Kindern und Unterdrückten – lässt er in Wort und Tat Gottes heilende

Nähe erfahren. In den Konflikten mit Pharisäern und Schriftgelehrten nimmt er ohne jegliche Abstriche Partei für das Wohl und das Heil der Menschen: „Der Sabbat ist für den Menschen da, nicht der Mensch für den Sabbat" (Mk 2,27). Für Jesus beschränkt sich die Rede vom Reich Gottes nicht auf einen innerweltlichen Humanismus, denn immer wieder spricht er vom „Anbruch" des Reiches Gottes, das seiner Vollendung erst noch entgegengeht. Das Reich Gottes ist für ihn keine fixe Größe, sondern ein Prozess, den Gott selbst seinem Ende und seiner Vollendung entgegenführen wird. Die große Rede über die Endzeit (Mk 13,1–37) – ein Beispiel dafür, wie sehr Jesus auch im apokalyptischen Denken seiner Zeit beheimatet war – lässt aufleuchten, dass diese Welt nicht bloß von Gott geschaffen ist, sondern auch durch ihn vollendet wird. Es waren dann vor allem die Ostererfahrungen, welche den Jüngern die Gewissheit geschenkt haben, dass in Jesus selbst Anbruch und Vollendung des Reiches Gottes Wirklichkeit geworden sind. So wurde er als Person immer deutlicher als die Erfüllung aller Reich-Gottes-Erwartungen gesehen. In der palästinensischen Urgemeinde und auch vom Apostel Paulus wurde er mit „marana tha – Unser Herr, komm!" (1 Kor 16,22) angerufen. Das Reich Gottes war in ihm schon da und ist zugleich in seiner Vollendung noch zu erwarten. Das ist die Spannung, in der wir auch heute noch leben: „Deinen Tod, o Herr, verkünden wir und deine Auferstehung preisen wir, bis du kommst in Herrlichkeit." Auch wir leben in diesem „Schon" und „Noch nicht".

Die Kirche und das Reich Gottes

„Kirche" ist heute für viele Menschen ein belasteter Begriff. Man denkt an Missbrauch und Reformstau, an Hierarchie und Zentralismus. Manche treten aus der Kirche aus und andere gehen auf Distanz zu ihr oder in innere Emigration. Aber es gibt auch die anderen, die sich in christlichen Gemeinden, im Sozial- und Bildungsbereich kirchlicher Einrichtungen engagieren trotz aller Problemfelder. Und es gibt die vielen, die ihren Glauben, den sie der Kirche verdanken, einfach leben; ganz neu bestärkt durch die Wahl von Papst Franziskus.

In dieser Situation ist es wichtig, das Zueinander von Kirche und Reich Gottes zu bedenken.

Kirche und Reich Gottes gehören zwar zusammen, aber die konkrete Kirche ist nicht einfach mit dem Reich Gottes gleichzusetzen.

Jesus hat den Anbruch des Reiches Gottes verkündet und gleichzeitig Menschen in seine Nähe gerufen, welche das Fundament für eine neue Gemeinschaft, ein neues Volk Israel bilden sollten. Im Markusevangelium heißt es: „Er setzte zwölf ein, die er bei sich haben wollte und die er dann aussenden wollte, damit sie predigten und mit seiner Vollmacht Dämonen austrieben" (Mk 3,14.15). Bei ihm sein, die Botschaft vom Anbruch des Reiches Gottes in die Welt hinaustragen und den Menschen Befreiung von dunklen Mächten bringen, das ist der Anfang von Kirche. Nachdem Petrus bei Cäsarea Philippi das Messiasbekenntnis abgelegt hatte, sagte Jesus zu ihm: „Du bist Petrus, und auf diesen Felsen werde ich meine Kirche bauen" (Mt 16,18). Das Wort „Kirche" leitet sich vom griechischen *kyriakós* („zum Herrn gehörend") ab und bezeichnet in den paulinischen Gemeinden die Gemeinschaft um den Herrn, die sich zur Feier des Herrenmahles versammelt. Nicht die Institution, nicht die Ämter, nicht die Kultur- und Baudenkmäler, sondern einzig die Beziehung und die Verbundenheit mit Jesus Christus und der Gemeinschaft der Getauften machen im Kern aus, was Kirche von ihrem Wesen her ist. Wo der Anbruch des Reiches Gottes weitergeht, wo die Welt im Sinne Jesu mit Himmel angereichert wird und wo das Vermächtnis des Herrn gefeiert wird, da ist Kirche.

Selbstverständlich braucht die Kirche auch Struktur und Leitung, aber alle gesellschaftlichen Ausformungen des „wandernden Volkes Gottes", wie die Kirche vom II. Vatikanum genannt wird, sind zweitrangig und stehen nur im Dienst der Ausbreitung des Reiches Gottes. Das Wort Jesu „Euch aber muss es zuerst um sein Reich und um seine Gerechtigkeit gehen; dann wird euch alles andere dazugegeben" in Mt 6,33 hat auch heute nichts von seiner Dringlichkeit verloren. Was das bedeutet, hat das Zweite Vatikanische Konzil in einem seiner Spitzentexte so umschrieben: „Freude und Hoffnung, Trauer und Angst der Menschen von heute, besonders der Armen und Bedrängten aller Art, sind auch Freude und Hoffnung, Trauer und Angst der Jünger Christi. Und es gibt nichts wahrhaft Menschliches, das nicht in ihren Herzen seinen Widerhall fände" (Gaudium et spes 1). Wo das gelebt wird, da ist auch „heilige Kirche", weil sie den Anbruch des Reiches Gottes in die konkrete Lebenswelt der Menschen hineinträgt. Wo das Zweitrangige jedoch das „Zuerst Jesu" zurückdrängt, wo die Kirche verweltlicht, wo Gläubige den Zeitgeist an die Stelle des Heiligen Geistes setzen und der Glaube an den Anbruch des Reiches Gottes in der Kirche verblasst, da verliert die Kirche ihr ursprüngliches Gesicht. Die Geschichte der Kirche zeigt unübersehbar, in welchem Ausmaß der Anbruch des Reiches Gottes durch sie selbst verdunkelt wurde, sie zeigt aber auch, dass der Ruf „ecclesia semper reformanda" nie verstummt ist. In der sündigen Kirche hat es in allen Jahrhunderten Menschen gegeben, die dem Anbruch des Reiches Gottes neues Leben eingehaucht haben. Es waren dies vor allem die Heiligen, die dem Anliegen Jesu eine zeitgerechte und gesellschaftsprägende Gestalt gegeben haben, aber auch die unzähligen Christen, von denen niemand erzählt, die aber durch ihr Leben in Glaube, Hoffnung und Liebe eine Leuchtspur des Reiches Gottes in die Welt hinein gelegt haben, so wie die unübersehbaren Ströme der Nächstenliebe, welche in den karitativen Einrichtungen der Kirche wirksam wurden und werden.

Besinnung und Einübung

Im Rückblick auf ein nun schon langes Leben werden viele von uns feststellen, dass sich unsere Wahrnehmung von Kirche im Lauf der Jahre verändert hat. Die „Außenwahrnehmung" der Institution Kirche kann manchmal sehr belastend sein, aber es gibt auch eine „Innenwahrnehmung", bei der es nach wie vor um den Anbruch des Reiches Gottes geht.

Die Vaterunser-Bitte lädt immer neu dazu ein, um das Kommen des Reiches Gottes zu bitten, um den Leuchtspuren, die Jesus in das Dunkel und in die Todeszonen unserer Welt gelegt hat, neue Strahlkraft zu verleihen. Dabei geht es um das Vertrauen, dass in Gott, den Jesus seinen und unseren Vater nennt, alles seine Vollendung finden wird; es geht darum, dass wir in die Spuren Jesu treten und seinem Evangelium hier und heute ein menschliches Gesicht geben. Wenn wir diese Bitte „Dein Reich komme" gemeinsam mit anderen und auch ganz persönlich in der Stille unseres Herzens an unseren Vater im Himmel richten, dann kann auch uns eine Erfahrung zuteilwerden, die der lateinamerikanische Dichter Ernesto Cardenal mit den verheißungsvollen Worten umschreibt:

Wir sind zwar noch nicht im Festsaal der
Liebe angelangt,
aber wir sind eingeladen.
Manchmal sehen wir schon die Lichter
und manchmal hören wir schon die Musik.

Ähnlich wie durch ein Kreuz am Anfang einer
Notenzeile die gesamte Tonlage erhöht wird, so
kann auch unser Leben als Ganzes aufgewertet
werden, wenn wir über alles, was unser Leben
ausmacht – Vergangenes, Gegenwärtiges und
Zukünftiges – das Kommen seines Reiches erbit-
ten. So wird unser ganz gewöhnlicher Alltag zum
Advent Gottes in der Welt von heute.

DEIN WILLE GESCHEHE, WIE IM HIMMEL SO AUF ERDEN

Diese Bitte findet sich nur in der Matthäusfassung des Vaterunsers. Sie unterstreicht den Wunsch, dass sich Gottes Wille, „dass alle Menschen gerettet werden und zur Erkenntnis der Wahrheit gelangen" (1 Tim 2,4), immer und überall durchsetzen möge.

„Rettung" meint befreit werden aus einer letztlich sinnlosen Lebensweise, in der sich der Mensch im Hier und Heute verliert, nur an sich selbst Maß nimmt, die Augen vor dem Leid der anderen verschließt, möglichst schnell und möglichst viel zu erleben sucht und dabei den Sinn für das Ewige verliert.

„Zur Erkenntnis der Wahrheit gelangen" steht für: die eigene Lebenswahrheit entdecken und den mir von Gott zugedachten Weg gehen.

Schwierigkeiten

Viele und vor allem auch ältere Menschen, die auf ein langes Leben zurückblicken, werden mit dieser Bitte ihre Schwierigkeiten haben. Wie oft hat man doch den Eindruck, dass unser Leben von einem unbarmherzigen Schicksal bestimmt wird, nicht aber von einem Gott, der uns Gutes will. Wie sollen wir all die Katastrophen, Unglücksfälle, Krankheit und Behinderung, mit der Vorstellung von einem barmherzigen Vater zusammenbringen, der das Heil aller Menschen will? Kann all das mit dem absoluten Heilswillen Gottes zusammengedacht werden? Erweckt diese Bitte nicht den Eindruck, dass wir dem unerforschlichen Willen Gottes, wie es oft in Todesanzeigen heißt, geradezu ausgeliefert sind?

Für ein rechtes Verstehen ist es hilfreich, unseren Blick wiederum auf Jesus zu richten und seinem Umgang mit dem Willen Gottes, seines Vaters, nachzuspüren.

Jesus und der Wille des Vaters

Auch Jesus hat in einer von Schicksalsschlägen durchfurchten Welt gelebt und trotzdem hatte der Wille des Vaters für ihn absolute Priorität. So sagt er zu seinen Jüngern am Jakobsbrunnen: „Ich lebe von einer Speise, die ihr nicht kennt. … Meine Speise ist es, den Willen dessen zu tun, der mich gesandt hat, und sein Werk zu Ende zu führen" (Joh 4,32.34). Das Werk des Vaters ist die Rettung und Erlösung der Welt. Jesus führt dieses Werk zu Ende durch seinen kompromisslosen Dienst am Leben: „Denn auch der Menschensohn ist nicht gekommen, um sich dienen zu lassen, sondern um zu dienen und sein Leben hinzugeben als Lösegeld für viele" (Mk 10,45).

Wie aber steht es für Jesus um den Willen Gottes, wenn sein eigenes Leben tödlich bedroht ist? Genau damit war Jesus am Ölberg konfrontiert. Lukas schreibt ergreifend: „Dann entfernte er sich von ihnen ungefähr einen Steinwurf weit, kniete nieder und betete: Vater, wenn du willst, nimm diesen Kelch von mir! Aber nicht mein, sondern dein Wille soll geschehen. Da erschien ihm ein Engel vom Himmel und gab ihm (neue) Kraft. Und er betete in seiner Angst noch inständiger, und sein Schweiß war wie Blut, das auf die Erde tropfte" (Lk 22,41–44). Was aber bedeutet dieses „Aber nicht mein, sondern dein Wille soll geschehen"? Kapituliert Jesus also doch vor dem

Todesschicksal und nimmt dieses als den unbegreiflichen Willen Gottes, als das ihm bestimmte Geschick, einfach an? Niemand weiß, was sich in dieser Stunde zwischen ihm und Gott, den er auch jetzt noch mit „Vater" anspricht, abgespielt hat. Sicher ist jedoch, dass er – gestärkt durch den Engel – sein Todesschicksal nicht bloß erlitten, sondern dieses Sterben in einen Dienst am Leben verwandelt hat. Der „Engel" lässt ihn erfahren, dass Gott auch in dieser Situation mit ihm geht. Sein Ja zum Willen Gottes ist die Bereitschaft, die Liebe des Vaters auch in sein eigenes Leiden und Sterben, und damit in das Leiden und Sterben der Menschheit hineinzutragen. Denn Gottes Wille ist nicht Vernichtung und Tod, sondern Leben und Rettung auch im Tod. Paul Claudel, der große französische Dichter, hat einmal geschrieben: „Jesus ist nicht gekommen, das Leid dieser Welt aufzuheben, er ist auch nicht gekommen, das Leid zu erklären, er ist gekommen, um das Leid mit Gottes Nähe und Liebe zu erfüllen."

Gottes Wille in unserem Leben

In dieser Vaterunser-Bitte geht es zum einen um den Willen Gottes im ganzen Universum – „wie im Himmel so auf Erden" –, zum anderen aber auch um den Willen Gottes in den Höhen und Tiefen unseres Lebens. Dieses ist jedoch durch den göttlichen Willen nicht einfach vorprogrammiert. Wir werden zwar durch unser Elternhaus, durch Schule und Beruf, durch die Gesellschaft und Politik, und vor allem durch persönliche Beziehungen geprägt, aber wir sind deshalb nicht einfach fremdbestimmt. So wie jeder und jede von uns ein eigenes Gesicht und einen unverwechselbaren Fingerabdruck hat, so gibt es auch in jedem von uns eine unverwechselbare Einmaligkeit unseres Wesens und auch die Ahnung von einem ganz persönlichen Weg, der uns geheimnisvoll zugedacht ist. Das ganze Leben ist uns dazu geschenkt, diesen Weg zu finden und zu gehen. Günter Kunert hat dieses Suchen in eindrucksvolle Worte gefasst:

Ich bin ein Sucher
eines Weges
zu allem, was mehr ist

als
Stoffwechsel
Blutkreislauf
Nahrungsaufnahme
Zellenverfall.

Ich bin ein Sucher
eines Weges,
der breiter ist
als ich.

Nicht zu schmal,
kein Ein-Mann-Weg,
aber auch keine
staubige, tausendmal
überlaufene Bahn.

Ich bin ein Sucher
eines Weges.

Sucher eines Weges
für mehr
als mich.

Wie aber können wir einen Weg finden, der unsere Sehnsucht nach dem „Mehr" erfüllt? Der biblische Mensch ist fest davon überzeugt, dass Gott jedem Menschen ein geheimnisvolles Wort zugesprochen hat, welches im Lauf des Lebens immer besser verstanden werden kann. Es ist der ganz persönliche Lebenstraum, der eines Tages in uns erwacht und unserem Leben Richtung und Halt gibt. So betet der Psalmist zu Gott: „Denk an das Wort für deinen Knecht, durch das du mir Hoffnung gabst. Das ist mein Trost im Elend: Deine Verheißung spendet mir Leben" (Ps 119,49.50). Rückblickend entdecken wir oft, dass es in unserem Leben immer wieder so etwas gegeben hat wie einen geheimnisvollen Anruf und dass sich dann so manches einfach gefügt hat. Dieser Ruf kann aus der Natur kommen und uns staunen lassen über den Schöpfer; ein solches Wort kann uns durch andere Menschen erreichen, durch ihre Liebe und Treue; es kann sich die leise Stimme unseres Herzens zu Wort melden und es kann uns ein Wort der Heiligen Schrift treffen, das in unserem Leben eine Wende auslöst. Solche „Anrufe" wollen immer dem Leben dienen, dazu beitragen, dass unser Leben Sinn macht. Auf solche Weise erfahren wir den Willen Gottes für uns, so erleben wir „Berufung". An uns liegt es, auf solche Anrufe zu hören und auch zu antworten.

Besinnung und Einübung

Diese Vaterunser-Bitte können wir auch als Einladung verstehen, unsere Lebensgeschichte in den Blick zu nehmen und nach dem „roten Faden" Ausschau zu halten, der unser Leben – manchmal vielleicht sehr deutlich und dann wieder wie verschwunden – durchzieht. Wer hat nicht gelegentlich den Eindruck, dass sich so manches ohne unser Zutun einfach fügt? War es eine geheimnisvolle Führung, war es meine tiefe Sehnsucht nach dem Gelingen meines Lebens? Oder war es der mir ganz persönlich zugedachte Weg, auf dem ich meine Einmaligkeit entdecken und entfalten konnte? Dürfen wir den Satz „Gott schuf also den Menschen als sein Abbild" (Gen 1,27) auch so verstehen, dass jeder Mensch ein Bild in sich trägt, welches Gott selbst in ihn hineingelegt hat? Der Wille Gottes wäre dann die Umsetzung dieses Bildes, die Verwirklichung dieses göttlichen Bildes, das Gehen auf dem mir zugedachten Weg. Gehen muss ich ihn selbst, und gehen darf ich ihn selbst. Oft wird es nur ein mühevolles Vorantasten sein, aber wenn ich mich darauf einlasse, dann spüre ich, dass es mir guttut. Die Bitte „Dein Wille geschehe" kann mich ermutigen, zu mir selbst zu stehen und mein Leben dankbar anzunehmen und in diesem Sinne zu gestalten. Denn auch heute noch gilt das Wort Jesu: „Nicht jeder, der zu mir sagt: Herr! Herr!, wird in das Himmelreich kommen, sondern nur, wer den Willen meines Vaters im Himmel erfüllt" (Mt 7,21).

Wenn wir unseren eigenen Weg gegangen sind, wenn wir unser Leben als Ganzes als ein Angebot Gottes zu sehen vermögen und jetzt in späteren Jahren ein großes Ja darüber sprechen, dann bewegen wir uns in der Spur Jesu.

In dem bekannten Lied „Ich will dich lieben, meine Stärke" kommt sehr schön zum Ausdruck, dass wir oft lange Zeit unser Leben durchwandern, bis wir den uns zugedachten Weg als Geschenk erkennen.

Ach, dass ich dich so spät erkannte,
du hochgelobte Schönheit, du,
dass ich nicht eher mein dich nannte,
du höchstes Gut, du wahre Ruh;
es ist mir leid, ich bin betrübt,
dass ich so spät geliebt.

Ich lief verirrt und war verblendet,
ich suchte dich und fand dich nicht,

ich hatte mich von dir gewendet
und liebte das geschaffne Licht.
Nun aber ist's durch dich geschehen,
dass ich dich hab ersehen.

UNSER TÄGLICHES BROT GIB UNS HEUTE

Mit dieser Bitte beginnt die zweite Strophe des Vaterunsers, in der Bitten formuliert werden, die das Gelingen unseres Lebensalltags im Auge haben. Zunächst geht es um das Lebensnotwendige im Hier und Heute – um das Brot, das uns täglich nährt, aber auch um das Brot, das uns das ewige Leben schenkt.

„Urwort" Brot

Brot ist ein „Urwort", in dem sich alles, was wir zum Leben brauchen, sammelt. Die Bitte um das tägliche Brot ist zunächst sicher eine Bitte um die notwendige Nahrung, dass es an Brot nicht fehle. Genügend Brot zu haben ist keine Selbstverständlichkeit. Uns Mitteleuropäern ist dieses Bewusstsein zwar fast abhandengekommen, da wir nur in den nächsten Supermarkt gehen müssen, um aus dem reichen Angebot auszuwählen, wonach uns gerade der Sinn steht. Aber wenn wir vom Hunger in Afrika und anderen Hungergebieten hören, dann blitzt vielleicht doch wieder auf, dass die Bitte um das tägliche Brot in unserer globalisierten Welt noch keineswegs überholt ist.

Brot meint nicht nur Nahrung für den Leib, sondern auch Nahrung für die Seele.

Das andere und das eucharistische Brot

Neben dem Hunger nach Nahrung gibt es auch den Hunger nach Anerkennung und Geborgenheit, den Hunger nach Liebe und erfülltem Leben. Wir brauchen auch dieses „andere Brot", von dem Jesus nach der Brotvermehrung in der Synagoge von Kafarnaum spricht. Die Menschen waren ihm in Scharen gefolgt und er sagt zu ihnen: „Müht euch nicht ab für die Speise, die verdirbt, sondern für die Speise, die für das ewige Leben bleibt und die der Menschensohn euch geben wird" (Joh 6,27). Und worin besteht diese Speise? In der grenzenlosen Zuwendung Gottes zu uns Menschen, die im Umgang Jesu mit den

Menschen erfahrbar wird. Er ist das wahre Brot vom Himmel, das Brot des Lebens. Er nimmt die Menschen an, wie sie sind, er wendet sich den Armen, Kranken und Sündern zu, er schenkt ihnen das Brot des Angenommenseins, jenes Brot, wonach sie am meisten hungern. Wenn wir um das tägliche Brot bitten, dann bitten wir auch um dieses Brot des Angenommenwerdens durch Gott und unsere Mitmenschen.

Beim Letzten Abendmahl schließlich nimmt Jesus wiederum Brot in seine Hände, spricht das Dankgebet, bricht das Brot und reicht es seinen Jüngern mit den Worten: „Das ist mein Leib, der für euch hingegeben wird. Tut dies zu meinem Gedächtnis!" (Lk 22,19). Jesus verdichtet in diesem Geschehen sein ganzes Leben und macht es zu seinem Vermächtnis: Das war ich, bin ich und das werde ich immer für euch sein: gebrochenes Brot – Zuwendung und Hingabe bis in den Tod, um euren tiefsten Hunger nach Leben zu stillen und ewiges Leben zu schenken.

Der Auftrag an die Jünger, dieses Vermächtnis zu feiern, meint dann nicht bloß, dieses Mahl als Erinnerungsfeier, in der das Damals wieder zum Heute wird, zu begehen, sondern er hat auch die Feier der Gemeinde im Blick, in der wir füreinander zum Brot des Lebens werden sollen. Die Brotbitte im Vaterunser spannt einen weiten Bogen vom Brot als Nahrung für den Leib über das Brot des Angenommenseins durch Gott und unsere Mitmenschen bis hin zum eucharistischen Brot. Es ist ein Geschenk, dass wir zu leben haben, es ist ein Geschenk, dass wir Zuwendung und Anerkennung erfahren, und es ist reines Geschenk, dass wir in der Eucharistiefeier jenes Brot empfangen, in dem sich uns Jesus als Nahrung auf dem Weg zum ewigen Leben schenkt.

Brot für heute

Die Brotbitte, wie sie uns Matthäus und Lukas überliefern, wird konkret und aktuell durch den Zusatz „für heute". Denn nur im Heute wird unser Hunger nach Brot im umfassenden Sinn gestillt.

„Heute" meint aber nicht bloß den heutigen Kalendertag, sondern jeden Tag, der uns je neu geschenkt ist, um dem Leben zu begegnen. Martin Buber sagt einmal: „Der Augenblick ist Gottes Gewand." Und so wird auch in den Evangelien mit dem „Heute" immer etwas ganz Besonderes verbunden. „Heute ist euch in der Stadt Davids der Retter geboren" (Lk 2,11), so heißt es bei der Verkündigung der Geburt Jesu an die Hirten. „Heute hat sich das Schriftwort, das ihr eben gehört habt, erfüllt" (Lk 4,21), so sagt Jesus in seiner Antrittspredigt in seiner Heimatstadt Nazaret. „Zachäus, komm schnell herunter! Denn ich muss heute in deinem Haus zu Gast sein" (Lk 19,5), so ruft Jesus dem Oberzöllner zu, der neugierig nach ihm Ausschau hielt. Und schließlich darf der mitgekreuzigte Schächer das trostvolle Wort hören: „Heute noch wirst du mit mir im Paradies sein" (Lk 23,43).

Gott schenkt sich uns im Heute. Dom Helder Camara († 1999), einer der großen brasilianischen Bischöfe des 20. Jahrhunderts, hat einmal geschrieben:

Lass dich nicht hin- und herzerren
zwischen gestern und morgen.
Lebe immer und einzig das göttliche Heute.

Besinnung und Einübung

Nicht mehr vom Gestern und Morgen getrieben, können wir uns mehr als in früheren Jahren dem Heute zuwenden und so können wir die Frage an uns selbst richten, wovon wir denn eigentlich leben, was für uns Brot des Lebens ist. Vieles wird uns dabei in den Sinn kommen. Wenn wir dann weiterfragen, was denn das eigentliche Brot ist, das uns nährt, dann werden unsere Gedanken zu all jenen Menschen wandern, die uns im Leben kostbar geworden sind, es werden Momente auftauchen, in denen wir von anderen Hilfe erfahren haben oder auch Hilfe schenken konnten. Und waren nicht oftmals anerkennende Worte oder auch Worte der Heiligen Schrift wie Brot, von dem wir leben konnten? Und sind wir nicht so manches Mal Brot füreinander geworden, ohne dass wir uns dessen bewusst waren? Wenn wir im eucharistischen Mahl Jesus Christus, das Brot des Lebens empfangen, dann ist das ein je neues Ja zu uns, ein „göttliches Heute", das Heil und Segen in unser Leben bringt, um zum Segen für andere zu werden.

Älter geworden können wir diese Vaterunser-Bitte als Einladung verstehen, ganz in der

Gegenwart zu leben und das Brot, also alles, was uns wirklich leben lässt, auch miteinander zu teilen. Der Auftrag Jesu an seine Jünger „Gebt ihr ihnen zu essen" (Mk 6,37), als die Jünger die hungernde Menge abends nachhause schicken wollten, hat nichts von seiner Bedeutung verloren. Die großen „Brotaktionen" – Bruder und Schwester in Not, Brot für die Welt – erinnern uns daran.

VERGIB UNS UNSERE SCHULD, WIE AUCH WIR VERGEBEN UNSEREN SCHULDIGERN

Dies ist die einzige Bitte, die in einem zweiten Teil den Gebetsfluss unterbricht und die Vergebung durch Gott ausdrücklich an unsere Vergebungsbereitschaft bindet. Worum wir selbst bitten, das soll durch uns auf alle, die uns gegenüber schuldig geworden sind, überströmen. Die Vergebungsbereitschaft unsererseits erhält ihr eigentliches Gewicht durch den Nachsatz zum Vaterunser: „Denn wenn ihr den Menschen ihre Verfehlungen vergebt, dann wird euer himmlischer Vater auch euch vergeben. Wenn ihr aber den Menschen nicht vergebt, dann wird euch euer Vater eure Verfehlungen auch nicht vergeben" (Mt 6,14.15). In der Lukasfassung heißt es: „Und erlass uns unsere Sünden; denn auch wir erlassen jedem, was er uns schuldig ist" (Lk 11,4). Es geht

bei dieser Bitte, die uns in zwei Varianten überliefert ist, um den Gesamtbereich von Schulden,
Schuld und Sünden. Wenn wir vor Gott schuldig
werden, dann handelt es sich um Sünden, weil
wir uns von der göttlichen Lebensordnung „ab-
sondern". Schuld und Schulden anderen gegenüber belasten und lähmen unser Miteinander.
Daher gehört das Thema „Vergebung" zu den
zentralen Anliegen der Verkündigung Jesu, der
gekommen ist, das Leben in Fülle zu bringen.

Ein Gott des Lebens und der Vergebung

Je älter wir werden, umso deutlicher spüren wir
die Brüchigkeit und Sündigkeit der Welt, von
der auch wir betroffen sind. Der Apostel Paulus
schreibt der Gemeinde von Rom, dass alle, Juden wie Griechen, unter der Herrschaft der Sünde stehen (vgl. Röm 3,9), angefangen vom Sün-
denfall im Paradies, durch die ganze Geschichte
Israels und darüber hinaus in aller Welt. Aber,
und das ist wohl die großartigste Botschaft der
ganzen Heiligen Schrift: Gott streckt allen, die
durch Sünde, Schuld und Schulden in die Todeszonen des Lebens geraten sind, seine retten-

de Hand entgegen. In beeindruckenden Bildern machen bereits die Propheten diese Vergebungsbereitschaft Gottes anschaulich. „Wären eure Sünden auch rot wie Scharlach, sie sollen weiß werden wie Schnee. Wären sie rot wie Purpur, sie sollen weiß werden wie Wolle. Wenn ihr bereit seid zu hören, sollt ihr den Ertrag des Landes genießen" (Jes 1,18b.19). Gott will nicht den Tod des Sünders, sondern dass er auf sein Wort höre, sich bekehre und lebe. Deshalb wird in den Schriften des Alten Bundes den schuldig gewordenen Menschen auf vielfache Weise empfohlen, um Vergebung der Sünden zu bitten.

Bote und Mittler der Vergebung

Die Vergebungsbereitschaft Gottes gewinnt mit dem Auftreten Jesu eine ganz neue Dimension. Er verkündet diese Vergebungsbereitschaft nicht nur, sondern er schenkt ihr in seinem Auftreten ein konkretes Gesicht, wenn er selbst Vergebung zuspricht: „Mein Sohn, deine Sünden sind dir vergeben" (Mk 2,5) oder beim Mahl im Haus des Simon zur Sünderin: „Deine Sünden sind dir vergeben" (Lk 7,48). Die Juden empfinden solche Worte als Gotteslästerung, ebenso wie seine Heilungen am Sabbat und seine Abba-Rede, die letztendlich zu seiner Verurteilung und Hinrichtung am Kreuz führen.

Was sich aber von außen wie ein katastrophales Scheitern ausnimmt, erhält durch seine Worte über Brot und Wein beim Letzten Abendmahl eine radikale Umdeutung: „Und er nahm Brot, sprach das Dankgebet, brach das Brot und reichte es ihnen mit den Worten: Das ist mein Leib, der für euch hingegeben wird. Tut dies zu meinem Gedächtnis. Ebenso nahm er nach dem Mahl den Kelch und sagte: Dieser Kelch ist der Neue Bund in meinem Blut, das für euch vergossen wird" (Lk 22,19.20). Matthäus fügt diesem Wort über den Kelch noch hinzu: „… zur Vergebung der Sünden" (Mt 26,28). Jesus versteht auch seinen Tod – wie schon sein ganzes Leben – als Hingabe und Dienst am Leben. Er wird Gottes Liebe, die stärker ist als Sünde und Tod, in sein Sterben und damit in das Sterben aller hineintragen. Das ist sein Vermächtnis. Mit den Worten über den Kelch und seine Lebenshingabe verknüpft er sein Sterben mit der Verheißung eines neuen Bundes durch den Propheten Jeremia: „Seht, es werden Tage kommen – Spruch des Herrn –, in denen ich mit dem Haus Israel und dem Haus Juda einen neuen Bund schließen werde … ich verzeihe ihnen die Schuld, an ihre Sünde denke ich nicht mehr" (Jer 31,31.34). Als Bote und Mittler des neuen Bundes ist Jesus der Repräsentant Gottes, der – wie es Johannes der Täufer ausdrückt – als Lamm Gottes die Schuld der Welt hinwegnimmt (vgl. Joh 1,29).

Die Schuldenfalle und die Wohltat der Vergebung

Der Begriff Schuldenfalle hat Konjunktur. Wer zu viel für sich ausgibt und Schulden macht, fällt früher oder später in ein Loch, aus dem er sich selbst nicht mehr befreien kann. Das gilt für das private, aber auch für das öffentliche Leben. Ja, auch ganze Staaten können davon betroffen sein. Auch strenge Sparmaßnahmen reichen oft nicht aus, nur äußere Hilfe kann aus dieser Falle herausführen.

Jesus greift dieses Problem des Verschuldens im Gleichnis vom unbarmherzigen Schuldner auf. „Mit dem Himmelreich ist es wie mit einem König, der beschloss, von seinen Dienern Rechenschaft zu verlangen. Als er nun mit der Abrechnung begann, brachte man einen zu ihm, der ihm zehntausend Talente (eine wahre Unsumme) schuldig war" (Mt 18,23.24). Dieser aber ist zahlungsunfähig und bittet um Geduld, worauf ihm der Herr die ganze Schuld erlässt. Kaum der Schuldenfalle entkommen, wirft er einen Mitarbeiter, der ihm hundert Denare (etwa drei Monatsgehälter) schuldig war, ins Gefängnis. Man berichtet davon dem König. Dieser ruft den unbarmherzigen Schuldner zu sich und sagt: „Du elender Diener! Deine ganze Schuld habe ich dir erlassen, weil du mich so angefleht hast. Hättest nicht auch du mit jenem, der gemeinsam mit dir in meinem Dienst steht, Erbarmen haben müssen, so wie ich mit dir Erbarmen hatte? Und in seinem Zorn übergab ihn der Herr den Folterknechten, bis er die ganze Schuld bezahlt habe. Ebenso wird mein himmlischer Vater jeden von euch behandeln, der seinem Bruder nicht von ganzem Herzen vergibt" (Mt 18,32–35). Die Botschaft Jesu: Der himmlische Vater ist bereit, jedes Schuldenmaß und jede Schuld zu tilgen, wenn auch wir all jenen Vergebung schenken, die an uns schuldig geworden sind. Die Nähe zur Vaterunser-Bitte ist unübersehbar.

Was Schuld und Vergebung eigentlich meint, wird in der Heiligen Schrift auch mit den Bildern von Finsternis und Licht verdeutlicht. Finsternis ist Sinnbild für das Böse und Gottwidrige, für gestörte Beziehungen, Lebensbedrohung und Tod, Licht hingegen ist Sinnbild für gutes, gottgeschenktes und gelingendes Leben. Eine Gesellschaft, die dazu neigt, persönliche Schuld und Schuldgefühle auf vielfältige Weise zu erklären und wegzuinterpretieren, vernebelt die Tatsache, dass wir in einer schuldbeladenen Welt leben und von ihr geprägt sind. Hat man früher von Erbschuld oder Erbsünde, die jedes Leben belasten, gesprochen, so haben wir uns von der Vorstellung, dass Sünde und Schuld vererbt werden können, mit gutem Grund verabschiedet und zugleich das Kind mit dem Bad ausgeschüttet. So hat sich in unserer Gesellschaft eine Art „Unschuldswahn" verbreitet und damit auch das Geschenk der Vergebung verdrängt. Mit dieser Vaterunser-Bitte geben wir dem Wissen um eigene Schuld, um das Verlassen des guten Weges, um unsere Schuldigkeit anderen gegenüber, um die Müdigkeit in unserem Glauben und anderem mehr Raum und appellieren an die Vergebungsbereitschaft Gottes, wie sie uns Jesus in den Gleichnissen des göttlichen Erbarmens in Lk 15 vorgestellt hat. Vergebung meint die Zusage des Wohlwollens und die Chance eines Neubeginns „trotz allem". Der Psalmist betet deshalb: „Erschaffe mir, Gott, ein reines (lauteres) Herz, und gib mir einen neuen, beständigen Geist! … Mach mich wieder froh mit deinem Heil; mit einem willigen Geist rüste mich aus!" (Ps 51,12.14) Was wir erleben, wenn wir um Vergebung bitten und selbst Vergebung schenken, fasst Richard Rohr, ein bekannter geistlicher Schriftsteller, so zusammen:

Vergebung ist vermutlich das einzige
menschliche Tun,
das ein dreifaches Gutsein zugleich offenbart!

Wenn ich vergebe,
spreche ich dem anderen zu,
er sei trotz seiner Fehler gut;
ich erfahre, wie das Gutsein Gottes
durch mich fließt,
und spüre zugleich mit großem Erstaunen
und großer Freude
mein eigenes Gutsein.
So wirken hier auf staunenswerte Weise

eine menschliche und eine
göttliche Urkraft zusammen.

In der Kraft meines Vergebens erfahre auch ich
die schöpferische Kraft der göttlichen Vergebung
meiner Schuld und kann dabei neu aufleben.

Besinnung und Einübung

Im Rückblick auf vergangene Jahre können wir –
gelassener als Jüngere und Erwachsene, die noch
voll im Leben stehen – über unsere eigene Lebensgeschichte nachdenken und dabei auch feststellen, dass längst nicht alles so gelaufen ist, wie
wir es uns einmal vorgestellt haben. Es kann einem dabei das Dichterwort in den Sinn kommen:
„Derjenige, der ich jetzt bin, grüßt traurig den, der
ich hätte werden können." Es hat Situationen gegeben, in denen wir schlicht und einfach versagt
haben, in denen wir andere verletzt haben und
auch selbst verletzt worden sind. Manches konnte
aufgearbeitet werden, anderes schwärt noch immer wie eine nicht wirklich verheilte Wunde. Was
kann geschehen, um solche Wunden zu heilen?

Eine Möglichkeit ist das Schenken von Vergebung. Dabei kommt uns zugute, dass wir auf Grund unserer Lebenserfahrungen im Alter meist milder und toleranter werden. Und so fällt uns das Vergeben vermutlich leichter als in jüngeren Jahren. Dieses Vergeben kann sich in Zeichen der Zuwendung, aber auch in Gesprächen ereignen. Wir können um die Kraft zur Vergebung und dabei einen ersten Schritt zu tun, beten und bitten. Es wird nicht umsonst sein, denn Jesus hat gesagt: „Bittet, dann wird euch gegeben; sucht, dann werdet ihr finden; klopft an, dann wird euch geöffnet" und fügt dann noch hinzu: „Wenn nun schon ihr, die ihr böse seid (= Böses getan und Gutes unterlassen habt), euren Kindern gebt, was gut ist, wie viel mehr wird der Vater im Himmel den Heiligen Geist denen geben, die ihn bitten" (Lk 11,9.13).

Im Schenken und Empfangen von Vergebung liegt eine der großen Chancen des Alters, um in späteren Jahren in Frieden leben zu können. Es ist Gottes Heiliger Geist, den der Auferstandene seinen Jüngern zuspricht, der uns die Kraft der Vergebung schenkt: „Da freuten sich die Jünger, dass sie den Herrn sahen. Jesus sagte noch einmal zu ihnen: Friede sei mit euch! Wie mich der

Vater gesandt hat, so sende ich euch. Nachdem er das gesagt hatte, hauchte er sie an und sprach zu ihnen: Empfangt den Heiligen Geist! Wem ihr die Sünden vergebt, dem sind sie vergeben; wem ihr die Vergebung verweigert, dem ist sie verweigert" (Joh 20,20–23). Diese Zusage an die Jünger darf nicht auf die Lossprechungsvollmacht im Bußsakrament verengt werden, denn immer dann, wenn wir einander vergeben, strömt Gottes Barmherzigkeit durch unser Leben, dann geschieht auch Vergebung der Sünden. Nur so kann das Karussell von Schuld und Schuldzuweisung unterbrochen und damit dem vielfach beschädigten Leben aufgeholfen werden. Aus der Sterbebegleitung ist bekannt, dass so manche Menschen erst dann loslassen und im Frieden sterben können, wenn sie sich ausgesöhnt haben.

UND FÜHRE UNS NICHT IN VERSUCHUNG

Diese Bitte bereitet betenden Menschen immer wieder Schwierigkeiten. Sollen wir eigens darum bitten, dass Gott uns nicht in Versuchungen hineinführt? Das kann doch nicht sein. Und so heißt es auch im Jakobusbrief: „Keiner, der in Versuchung gerät, soll sagen: Ich werde von Gott in Versuchung geführt. Denn Gott kann nicht in Versuchung kommen, Böses zu tun, und er führt auch selbst niemand in Versuchung. Jeder wird von seiner eigenen Begierde, die ihn lockt und fängt, in Versuchung geführt" (Jak 1,13.14). Anderseits aber lesen wir im selben Brief: „Seid voll Freude, meine Brüder, wenn ihr in mancherlei Versuchungen geratet. Ihr wisst, dass die Prüfung eures Glaubens Ausdauer bewirkt. Die Ausdauer aber soll zu einem vollendeten Werk führen; denn so werdet ihr vollendet und untadelig sein, es wird euch nichts mehr fehlen" (Jak 1,2–4).

Versuchung und Erprobung

Es ist fast wie ein Verwirrspiel: Einerseits wird unmissverständlich gesagt, dass Gott niemanden in Versuchung führen kann, weil er auch selbst gar nicht in Versuchung kommen kann, Böses zu tun, und anderseits heißt es: Seid voll Freude, wenn ihr in mancherlei Versuchungen geratet. Der Begriff „Versuchung" hat offensichtlich eine große Bandbreite und kann sowohl Anfechtung, Verlockung und Anreiz zum Bösen wie auch Erprobung und Bewährung bedeuten.

Die Versuchungen Jesu

Die Tatsache, dass auch Jesus mehrfach mit Versuchungen konfrontiert war, zeigt, dass Versuchungen Teil unseres Lebens sind. Im Hebräerbrief finden sich dazu zwei Texte, die im Rückblick auf das Leben Jesu die Bedeutung dieser Versuchungen beleuchten: „Denn da er selbst in Versuchung geführt wurde und gelitten hat, kann er denen helfen, die in Versuchung geführt werden" (Hebr 2,18) und wenig später: „Wir haben ja nicht einen Hohepriester, der nicht mitfühlen könnte mit unserer Schwäche, sondern einen, der in allem wie wir in Versuchung geführt worden ist, aber nicht gesündigt hat" (Hebr 4,15). Jesus selbst ist auch Vorbild, wie wir mit Versuchungen umgehen können. Nach der Taufe im Jordan wird er vom Geist in die Wüste geführt, um vom Teufel versucht zu werden. Dreimal tritt der Versucher an ihn heran, um ihn von seinem Weg abzubringen, und dreimal weist er diesen mit einem Schriftwort zurück. Ein andermal tritt der Versucher in Gestalt des Simon Petrus an ihn heran. Als Jesus das erste Mal von Leiden, Tod und Auferstehung spricht, da macht ihm Petrus Vorwürfe, um ihn davon abzubringen. Jesus reagiert unerwartet scharf und sagt zu Petrus: „Weg mit dir, Satan, geh mir aus den Augen! Du willst mich zu Fall bringen; denn du hast nicht das im Sinn, was Gott will, sondern, was die Menschen wollen" (Mt 16,23). Jesus ist immer wieder mit Versuchungen konfrontiert, hat sich aber nicht von dem ihm vom Vater zugedachten Weg abbringen lassen. In der Ölbergszene steigt die Versuchung, diesen Weg doch noch zu verlassen, aus seiner eigenen Angst und Not auf und er betet: „Mein Vater, wenn es möglich ist, gehe dieser Kelch an mir vorüber. Aber nicht, wie ich will, sondern wie du willst" (Mt 26,39). Versuchungen von außen, Versuchungen durch andere – auch Freunde – und Versuchungen aus dem eigenen Innern, das ist die Realität, der wir auf unseren Suchwegen durch das Leben begegnen. Für Jesus war es immer wieder der Wille des Vaters, der ihn diese Versuchungen bestehen ließ. Seinen Freunden und auch uns hinterlässt er eine Art Faustregel, um Versuchungen als Erprobungen zu bestehen und so an den Versuchungen zu reifen: „Wachet und betet, damit ihr nicht in Versuchung geratet" (Mt 26,41). Gemeint ist die Versuchung, die verführt. Jesus weiß aus eigener Erfahrung, wie bedrohlich Versuchungen sein können, und empfiehlt daher „Wachen und Beten". Die Wachsamkeit möchte uns davor bewahren, unbedacht Verlockungen zu folgen, die nicht halten, was sie versprechen. Das Beten möchte uns daran erinnern, dass Gott über allen Versuchungen steht und dass er uns deshalb auch davor bewahren kann, dass wir in der Versuchung untergehen. Daher darf unser Beten auch lauten: „Führe uns in der Versuchung!"

Versuchungen des älteren Menschen

Im Leben eines jeden Menschen kommt die Zeit, da frühere Versuchungen ihren Reiz längst verloren haben, aber es tauchen auch neue auf: wenn Resignation und Verzagtheit das Leben bestimmen, wenn Verklärung der Vergangenheit und Misstrauen gegenüber allem Neuen die Lust am Leben verdrängen, wenn Angst, Glaubenszweifel und Enttäuschungen im Blick auf Gott und seine Kirche einen einst frohen und freudigen Glauben zu ersticken drohen. Derartige Erfahrungen können über jeden von uns kommen und zur Versuchung werden, den guten, mir von Gott zugedachten Weg zu verlieren. In solchen Situationen kann uns ein Wort des Apostels Paulus an seinen Freund und Schüler Timotheus ermutigen: „Gott hat uns nicht einen Geist der Verzagtheit gegeben, sondern den Geist der Kraft, der Liebe und der Besonnenheit" (2 Tim 1,7) oder das wunderbare Wort, das Gott durch den Propheten Jesaia spricht: „Ich bleibe derselbe, so alt ihr auch werdet, ich will euch tragen (auch in den Versuchungen des Alters). Ich habe es getan, und ich werde euch weiterhin tragen, ich werde euch schleppen und retten" (Jes 46,4).

Wenn wir also beten: „Und führe uns nicht in Versuchung", dann soll diese Bitte getragen und erfüllt sein vom großen Vertrauen, dass Gott uns seinen Geist und seine Kraft in besonderer Weise in all den Versuchungen unseres Lebens schenkt.

Besinnung und Einübung

In der Bitte um das tägliche Brot ist bereits angeklungen, was sich in der Vergebungsbitte verdichtet: Gott schenkt uns seine Zuwendung ohne Vorbedingungen, er nimmt uns an, wie wir sind. Wir brauchen uns vor ihm nicht zu verstecken und wir brauchen vor ihm kein Theater zu spielen. Und deshalb dürfen wir auch gelassen den Weg durch unsere späteren Jahre und auf unser Ende zugehen. Er kommt uns auf jeden Fall entgegen, um uns je neu das Brot der Annahme und der Zuwendung zu schenken. Wenn wir uns dafür öffnen, werden wir dieses Vergebungsangebot als echten Trost erfahren und diesen Trost auch weiterschenken. Es ist Gottes Heiliger Geist, den wir in der Vergebung erfahren, so wie es im Pfingsthymnus „Veni creator Spiritus" heißt:

Sterbens hineinzutragen. So wird das Scheitern zu einem Neuanfang, denn Gottes Liebe ist stärker als der Tod. Diesen Geist der Liebe haucht er sterbend in die Welt hinein aus (Lk 23,46), diesen Atem der Liebe schenkt er seinen Jüngern mit den Worten: „Empfangt den Heiligen Geist! Wem ihr die Sünden vergebt, dem sind sie vergeben" (Joh 20,22). Damit überträgt er die Vollmacht, den Kreislauf des Bösen durch Vergebung der Sünden zu durchbrechen. Am Pfingstfest schließlich kommt dieser Geist auf alle in Jerusalem Versammelten herab, und so erfüllt sich das Wort des Propheten Joel: „Jeder, der den Namen des Herrn anruft, wird gerettet" (Apg 2,21). Und auf die Frage der Versammelten, was sie jetzt tun sollen, antwortet Petrus: „Kehrt um und jeder lasse sich auf den Namen Jesu Christi taufen zur Vergebung seiner Sünden; dann werdet ihr die Gabe des Heiligen Geistes empfangen" (Apg 2,38). Jesus hat einen Anfang gesetzt, der sich seitdem wie eine Leuchtspur durch die Geschichte zieht. Aber wie kommt sie in unser Leben?

Aneignung der Erlösung vom Bösen

Wir können uns vermutlich kaum noch eine Vorstellung davon machen, wie sehr die Taufe als Einschnitt in das bisherige Leben und als ein Neubeginn erlebt wurde, als die Erwachsenentaufe die Regel war. Wenn heute bei der Kindertaufe stellvertretend an Eltern und Paten die Frage gerichtet wird „Widersagen Sie dem Satan und den Verlockungen des Bösen?", dann werden sich vielleicht manche über diese Worte nur wundern, aber genau darum geht es: der Macht des Bösen und der Finsternis in all ihren Formen eine radikale Absage zu erteilen, um ein Leben im Glauben an Jesus Christus zu führen. In den ersten Jahrhunderten hat dies bedeutet, sich von der gängigen heidnischen Lebensweise loszusagen und ein neues Leben in der Gemeinschaft der Getauften zu beginnen. Wie sehr dies damals einen Einschnitt und einen Neuanfang bedeutet hat, kann man vielleicht nachvollziehen, wenn man an eine Eheschließung, an eine Priesterweihe oder auch an Ordensgelübde denkt, welche dem Leben eine neue Richtung geben.

Die Taufe ist der Einstieg in das Rettungsboot der Erlösung. Den Abschluss des Taufrituals bildet der sogenannte „Effata-Ritus", bei dem der Priester oder Diakon die Ohren und den Mund des Kindes berührt und dazu spricht: „Effata!" Dieser Ritus erinnert an die Heilung eines Taubstummen in der Dekapolis am Ostufer des Sees Gennesaret. „Er (Jesus) nahm ihn beiseite, von der Menge weg, legte ihm die Finger in die Ohren und berührte dann die Zunge des Mannes mit Speichel; danach blickte er zum Himmel auf, seufzte und sagte zu dem Taubstummen: Effata!, das heißt: Öffne dich! Sogleich öffneten sich seine Ohren, seine Zunge wurde von ihrer Fessel befreit, und er konnte richtig reden" (Mk 7,33–35). Markus berichtet nicht bloß von der Heilung durch Jesus, sondern auch von einem Auftrag: „Öffne dich!" Der Geheilte soll sich nun für ein neues Leben öffnen.

Auch bei der Taufe geht es nicht bloß um ein punktuelles Geschehen, um den Einstieg in das Rettungsboot, sondern um den Auftrag, immer neu aufleben zu lassen, was in der Taufe grundgelegt worden ist. Das kann sich ereignen, wenn wir die anderen Sakramente empfangen, wenn wir in der Osternacht oder auch beim Nehmen von Weihwasser an unsere Taufe erinnert werden und nicht zuletzt dann, wenn wir das Vaterunser beten und im konkreten Alltagsleben die Lebensweise Jesu hier und heute aufleben lassen.

Die Bitte um Erlösung ist aber deshalb immer aktuell, weil unser Leben bis ans Ende ein angefochtenes Leben bleibt. Älter werdend spürt man deutlicher als in früheren Jahren die Brüchigkeit und Begrenztheit des Lebens, aber man kann auch auf eigene Erfahrungen zurückblicken, die wie Leuchtspuren von Erlösung Licht in unser Leben brachten. Diese lassen uns ahnen, was Gott denen bereitet hat, die ihn lieben, und ist zugleich Ermutigung und Einladung, andere an dieser Erfahrung teilhaben zu lassen.

Besinnung und Einübung

Das letzte Buch der Heiligen Schrift, die Offenbarung des Johannes, oft als ein Buch mit sieben Siegeln betrachtet, wurde am Ende des ersten Jahrhunderts verfasst. Das Thema: Leben und Überleben der christlichen Gemeinde angesichts einer ersten Verfolgungswelle im Römischen Reich. Die entscheidende Botschaft lautet: das letzte Wort über die Welt wird nicht der Tod haben, sondern Gott. Dieses Wort hat er bereits im

Tod und der Auferstehung Jesu gesprochen. In der Sprache der Apokalypse: „Dann sah ich einen neuen Himmel und eine neue Erde … Da hörte ich eine laute Stimme vom Thron her rufen: Seht die Wohnung Gottes unter den Menschen. Er wird in ihrer Mitte wohnen, und sie werden sein Volk sein; und er, Gott, wird bei ihnen sein. Er wird alle Tränen von ihren Augen wischen; der Tod wird nicht mehr sein, keine Trauer, keine Klage, keine Mühsal. Denn, was früher war, ist vergangen. Er, der auf dem Thron saß, sprach: Seht, ich mache alles neu" (Offb 21,1.3–5).

„Erlöse uns von dem Bösen", das ist auch eine Bitte um Vollendung unseres eigenen Lebens und des Lebens der Welt. Gewiss, es handelt sich auch in der Offenbarung des Johannes nicht um eine Beschreibung von Ende und Vollendung, sondern um Hoffnungsbilder, die uns nach vorne schauen lassen. Sie möchten unseren Glauben an den stärken, der da sagt: „Ich bin das Alpha und das Omega, der Erste und der Letzte, der Anfang und das Ende" (Offb 22,13). Die letzte Vaterunser-Bitte richtet unseren Blick somit auch auf die von Gott verheißene Vollendung unseres Lebens. Im Lebensalltag unserer Zeit ist dieses Thema – Hoffnung auf ein Leben bei Gott

– oft ausgeblendet, aber es gewinnt für uns Ältere, die den größeren Teil ihres Lebens schon hinter sich haben, mehr und mehr an Aktualität und schenkt Freude und Zufriedenheit, auch und gerade dann, wenn wir auf unser Ende zugehen.

SCHLUSSGEDANKEN

In den ersten Jahrhunderten wurde den Taufbewerbern als eigentliches Taufgeschenk das Vaterunser anvertraut, weil man in diesem Gebet dem ganzen Evangelium und damit Jesus selbst begegnen kann. Vom Gebet des Herrn können wir uns täglich neu an die Hand nehmen lassen, um unser persönliches Leben in die Hände des Vaters zu legen und mit Jesus sprechen: „In deine Hände, o Herr, lege ich mein Leben." Und vielleicht wird dann das Vaterunser auch das Gebet sein, das wir vor dem „Hinübergehen" noch ein letztes Mal sprechen oder vorgesprochen bekommen. Ich hatte einen Bruder, der in den Bergen tödlich verunglückt ist. Das letzte Wort an seinen Bergkameraden war: „Bet mir ein Vaterunser!" So kann Wirklichkeit werden, was schon der Psalmbeter erfahren hat:

> Auch wenn ich geh im dunklen Tal –
> ich fürchte Böses nicht.
> Denn: Du bist bei mir. (Ps 23,4)

Quellenverzeichnis

Die Zitate aus der Heiligen Schrift (mit Ausnahme des Psalmenzitates am Ende des Buches) sind entnommen aus der Ausgabe: Die Bibel. Einheitsübersetzung der Heiligen Schrift, Katholische Bibelanstalt, Stuttgart 1980.

S. 45: Hilde Domin, Gesammelte Gedichte, S. Fischer Verlag GmbH, Frankfurt am Main 1987

S. 48: Das Gedicht „Jahwe – Ich bin da" stammt von Alfons Deissler († 2005), Prof. für Altes Testament in Freiburg i. Br.

S. 64: Ernesto Cardenal, Nationallied für Nicaragua, Peter Hammer Verlag, Wuppertal 1980

S. 69f: Günter Kunert, Erinnerungen an einen Planeten, Carl Hanser Verlag, München-Wien 1963

S. 79: Dom Helder Camara, Mach aus mir einen Regenbogen, Pendo Verlag, Zürich 1981, Neuausgabe 2000

S. 89f: Richard Rohr, Hoffnung und Achtsamkeit. Der spirituelle Weg für das 21. Jahrhundert, © Verlag Herder GmbH, Freiburg i. Br., 1. Aufl. d. überarb. Neuausgabe, 2010, S. 227

S. 109: Fridolin Stier, Mit Psalmen beten, herausgegeben von Eleonore Beck, Katholisches Bibelwerk, Stuttgart 2001

Leider war es uns nicht in allen Fällen möglich, die Rechteinhaber zu ermitteln. Wir bitten um Hinweise an den Verlag. Allfällige Ansprüche werden gerne nachträglich abgegolten.